# 大学英语混合式教学的多元融合与评价研究

张牡丹 著

中国建材工业出版社

北 京

**图书在版编目(CIP)数据**

大学英语混合式教学的多元融合与评价研究/张牡丹著. --北京:中国建材工业出版社,2024.10.
ISBN 978-7-5160-4266-3

Ⅰ. H319.3

中国国家版本馆 CIP 数据核字第 2024NU8480 号

**大学英语混合式教学的多元融合与评价研究**
DAXUE YINGYU HUNHESHI JIAOXUE DE DUOYUAN RONGHE YU PINGJIA YANJIU
张牡丹　著

出版发行:中国建材工业出版社
地　　址:北京市西城区白纸坊东街 2 号院 6 号楼
邮　　编:100054
经　　销:全国各地新华书店
印　　刷:北京印刷集团有限责任公司
开　　本:710mm×1000mm　1/16
印　　张:11.25
字　　数:170 千字
版　　次:2024 年 10 月第 1 版
印　　次:2024 年 10 月第 1 次
**定　　价:59.80 元**

---

**本社网址:www.jccbs.com,微信公众号:zgjskjcbs**
**请选用正版图书,采购、销售盗版图书属违法行为**

# 前言

随着网络化学习的发展，教育信息化已经成为信息时代教育改革和发展的必然要求和必然趋势。融合网络学习与课堂学习的混合式教学模式在这个大背景之下日益兴起并受到推崇，多元化的教学环境、多样化的教学方式、混合式教学评价理论，是当代教育信息化理念付诸实践的产物。

大学旨在培养高素质人才，英语是每个学生的必修课程，为满足学生发展的需要，结合时代特色，混合式教学模式越来越多地应用到大学英语教学中，而多元的测评方式是开展一切教学活动的依据和提高教学效果的保证。

混合式教学模式在大学英语教学中得到广泛应用，但基于此模式的评价体系还未构建完全。在人才培养要求和课程改革的新背景下，教学评价同样也要顺应时代发展。本文立足于大学英语课程，依据混合式教学的相关理论，对大学英语混合式教学的多元融合与评价进行研究，旨在为大学英语教学的发展提供新思路。

笔者在写作前搜集了大量与大学英语混合式教学相关的文献，在此向其作者致以诚挚的感谢。书中难免有疏漏之处，恳请广大读者指正。

著　者

2024 年 3 月

# 目录

# 第一章　大学英语教学的基本介绍

大学英语教学是我国高等教育的重要组成部分，一直是培养高素质、综合性英语人才的重要途径。随着我国经济的发展和时代的进步，社会对大学生的语言运用能力不断地提出新的要求。大学英语教学应顺应时代的要求，不断进行改革与探索。本章将对大学英语教学的相关内容进行综合论述，包括大学英语教学的内涵、大学英语教学的原则、大学英语教学的目标、大学英语教学的影响因素与理论依据和英语教学法及其相关学科。

## 第一节　大学英语教学的内涵

大学英语教学是高等教育的一项重要内容，也是一项综合性的教学活动。要想对大学英语教学有深入的了解与把握，首先要了解大学英语教学的内涵。

### 一、大学英语教学的定义

大学英语教学是一种教育活动。对于教师而言，它是引导学生学习的教育活动；对于学生而言，它是在教师的引导下展开的学习活动。学生能否得到发展是决定大学英语教学能否实现其目标的关键因素。大学英语教学是一个师生互动的过程，是教师和学生共同完成预定教学任务的双向活动。

### 二、大学英语教学内涵的多维分析

#### （一）大学英语教学的基本内涵

大学英语教学的基本内涵可归纳为如下几点。

第一，大学英语教学是有目的的活动。在不同学段、学年、学期，不同的教材、单元、课文、活动有着不同的教学目的与教学目标，而教学目标又可分为不同的领域或层次。

第二，大学英语教学具有一定的系统性和计划性，这种系统的计划主要是由教育行政部门、学校和教师制订的。

第三，大学英语教学需要具体的内容，即英语词汇、语法、语音、写作、阅读等具体知识和技能；同时，教学需要采用一定的教学方法和教学技术。

由此可见，大学英语教学是指在有计划的系统性的过程中，依据一定的内容，按照一定的目的，借助一定的方法和技术，由教师引导学生认识世界、学习和掌握知识与技能，进而使学生得到全面发展的活动。

### （二）大学英语教学的人文内涵

大学英语教学是通过听、说、读、写、译这五大项目的教学，使接受培养的对象（即学生）具备熟练地运用英语这一语言工具进行交流的素养和能力。人文教育在大学英语教学中所发挥的作用不容小觑。任何一种语言都不是独立存在的，往往同当地的历史以及文化背景存在密切的联系。要想掌握英语并能熟练运用，通常需要对英语的内涵以及文化背景有充分的认识。那么，在大学英语教学中，不仅应高度重视培养学生的英语应用能力，还应注重人文内涵的渗透，着眼于培养兼具英语应用和文化涵养的综合型人才。

大学英语教学的人文内涵有着非常宽泛的范围，具体包括英语语言国家的历史、习俗等方面的文化。作为大学英语教师，应具备从多个角度来认识英语人文内涵的基本素质，不仅应在具体的教学实践中贯彻以学生为本、注重学生全面发展的教育理念，还应将学生视为动态发展的个体，即学生具有不可估量的发展潜能和极大的可塑性。大学英语教师还应在具体使用教材的过程中，注重人文内涵方面的分析和阐述，尤其应适当融入一些礼仪、历史、艺术等方面的内容，或者开展一些具有生活性、现实性特点的英语教学活动。

只有教师具备了较高的人文素质，并且能够将人文内涵的教学切实、认真地贯穿到大学英语教学的全过程，才能更有利于其教学内容的丰富和完善。

## 第二节　大学英语教学的原则

教学原则是教师根据一定的教学目标，并遵循一定的教学规律来指导教学的一项基本要求和行为准则。大学英语教学的基本原则不仅应该反映英语这门学科的特点，还应该反映学生学习英语的心理特点。在具体的教学实践中，许多专家、学者总结了一些基本的教学原则，用以指导大学英语教学，具体包括如下几个方面。

### 一、以学生为中心原则

学生是教学活动的主体，因而在大学英语教学中应坚持以学生为中心的原则，充分发挥学生的内在因素与主观能动性，从而使教学质量得以提高，使教学任务得以顺利完成。

以学生为中心原则指的是教师应根据学生的实际情况进行教学活动的设计与开展。具体来说，学生的实际情况包括以下几个方面。

（1）真实的学习目标。

（2）真实的学习兴趣。

（3）真实的学习动机。

（4）真实的学习机制。

（5）真实的学习困难。

在具体的教学实践过程中，教师应该在考虑上述因素的基础上，鼓励学生积极参与教学活动，使学生在获得知识的同时，培养语言能力、交际能力以及应用能力。

在以学生为中心的教学原则下，学生能够感受到自身在大学英语学习中的地位，从而以主人翁的态度进行英语学习，在学习上也会更加主动、积极。

## 二、兴趣性原则

兴趣是学生进行英语学习的内在动力。在强烈的学习兴趣下，学生能够用积极的态度探索不同的英语学习领域，在探索过程中又会增强对英语学习的兴趣。

大学英语教师应该重视兴趣性原则的影响范围，充分调动学生的情感因素，激发学生对英语学习的兴趣，从而营造一种积极向上的学习氛围。具体来说，为贯彻兴趣性原则，大学英语教师在开展教学活动时可从以下几方面着手。

### （一）充分了解学生的特点

由于年龄、性格、学习阶段的不同，学生所表现出的特点也不尽相同。教师应该充分了解学生具体的特点，在尊重学生的基础上，增强学生对英语学习的兴趣。

在大学英语教学实践中，教师需要从学生的生理、心理特点出发，制订不同的英语教学计划，选取灵活多样的教学手段，让学生切实体验到英语学习的乐趣。

### （二）构建新的英语教学方式

教师应该设计符合学生真实英语水平的教学内容，构建新的教学策略和教学方式，帮助学生对语言知识的内化与吸收，从而为学生日后的语言交际打下坚实的基础。

### （三）对教材进行深度挖掘

教材是教学的指导性文件，在教学中起着举足轻重的作用。大学英语教师在教学前，应该认真、透彻地研究教材，挖掘教材中学生的兴趣点，从而调动学生学习的积极性。

## 三、发展性原则

所谓发展性原则，就是要保证所有学生的智力和非智力因素都得到发展。这既是教学工作的起点，也是教学工作的终点，还是衡量教学效果的重要标准。

大学英语教学过程既是学生认知、技能与情感交互发展的过程，又是学生整体的生命活动过程。因此，学生的发展可以看成是一个生命整体的成长，并且这个发展过程既有内在的和谐性，又有外在能力的多样性以及身心发展的统一性。要贯彻大学英语教学的发展性原则，教师需要做到以下三点。

（1）教师要关注每个学生的成长，以保证所有学生都得到发展。

（2）教师应充分挖掘课堂中的智力和非智力因素，并合理、有效地实施教学，使之成为促进学生发展的有利资源。

（3）教师应为学生设计一些有挑战性的教学情境，培养学生的探索和实践精神，使课堂充满激情和活力。

## 四、综合性原则

大学英语教师还应该遵循综合性原则，对语音、词汇、语法等知识进行交互教学，从而提高教学的实用性。具体来说，综合性原则指导下的大学英语教学应该重视以下几方面的内容。

### （一）整句教学与单项训练相结合

由于大学英语教学是为了提高学生的英语应用能力，教师在教学中应尽可能采用整句教学的方式。具体来说，整句教学就是先教授简单句子，然后教授复合句或较长的句子，将整句教学和单项训练相结合。

### （二）进行综合训练

语言学习是个体学会使用语言进行交际的过程，需要在教学中进行综合训练，也就是结合听、说、读、写四个部分进行训练。在大学英语教学中，听、说、读、写技能的训练是教学的主要途径，教师可以训练学生的多种感觉器官，保证四项技能训练的数量、比例、难易程度适当，引导学生完成不同的学习任务。

### （三）进行对比教学

由于英汉语言的差异性，大学英语教学中还需要进行对比教学，引导学生在语言使用中学习单词、语法、语音。这种对比教学的方式能够促进整体教学效果的提高。

## 五、渐进性原则

大学英语教学中的渐进性原则指的是具体的教学活动要根据学生的特点、年级进行，要符合学生认知的规律以及心理特征，做到由浅入深、由易到难。

循序渐进有利于将学生的已有知识、生活经验及好奇心联系起来，有助于学生认清事物发生及发展的过程，明晰所学内容的条理，掌握解决问题的方法，逐步形成解决问题的能力。贯彻这一原则需要做到以下几个方面。

（1）精心设计每个教学环节，明确各个教学环节的目标，选择最佳的方法及手段，使知识的呈现生活化和生动化，使操作技能与逻辑思维的发展有机结合。

（2）保证每个教学环节过渡自然，做到承上启下。

（3）有序拓展知识网络，使学生懂得每一次的学习都是知识的又一次积累和补充，以使学生形成较为完整的知识体系。

## 六、交际性原则

大学英语教学的最终目的是使学生具备使用英语进行交际的能力，因此交际性原则是大学英语教学的重要原则之一。具体来说，遵循交际性原则需要教师注意以下几个方面。

（1）重视英语的交际工具作用。英语是进行语言交际的重要工具，教学的目的是使学生了解和掌握这种工具。

具体来说，在大学英语教学中，交际性原则要求教师把英语作为交际工具进行教学，同时也要求学生把英语作为交际工具进行学习，在课堂上多进行交际性英语操练，将教学活动和英语应用紧密结合，从而切实提高大学生的英语交际能力。

由于国内缺少使用英语的环境，因此，课堂教学中的师生交流成了重要的英语交际活动，也成了大学生英语应用的重要场景。有鉴于此，教师可以利用相关教具，为学生创设适当的教学情境，协助学生利用英语进行交际练习。这种教学不仅具有实用性，而且能引起学生的兴趣。

（2）重视英语语境的影响作用。英语的使用是在一定的语境中进行的，语境包括交际时间、交际地点、交际者、交际方式等。在不同语境的作用下，相同的话语也可能产生不同的交际效果。因此，在大学英语教学中，教师需要重视英语语境的影响作用，培养学生的语境适应性与灵活性，为学生日后的语言交际打下良好的基础。具体来说，在大学英语教学过程中，教师可以设计不同的语境体验活动，让学生明白不同语境下英语使用的总体规范。

（3）重视英语教学的生活性。大学英语教学是为学生的生活服务的，因此，教师在教学中需要重视教学的生活性。教师可以将教学内容和学生所关心的话题进行整合，给学生提供充足的、内容丰富的英语学习资料。由于这些教学内容与学生的生活息息相关，会引起学生的共鸣，从而增强学生的英语学习和参与意识，促进英语教学效果的提高。

## 七、以网络为手段原则

在大学英语教学中，教师还要将网络作为教学手段。在以网络为手段的原则中，还有很多细则，具体分析如下。

### （一）多媒体呈现原则

众所周知，声音加图像的形式要比单独的表述方式有更大的优势。例如，在英语学习中，学生一边听解说，一边通过 PPT、录像、动画等看到与材料相关的视频信息，会比单独听录音、单独看文字材料更有效果。在这一环境下，学生能够同时建构两种心理表征——言语表征与视觉表征，并能够建立起言语表征与视觉表征之间的联系。

### （二）时空同步原则

相关的言语信息与视觉信息往往出现在同一时空，而不是分散的，因此会更有利于学生接受和理解教学内容。例如，学生在了解自行车打气筒的工作原理时，如果一边听声音解说，一边观看动画演示，就能够很容易地了解和把握这一知识。这就是“时空同步效应”。在这一环境下，相关的言语信息与视觉信息需要同步进入工作记忆区，便于二者建立联系。

### （三）注意分配原则

在网络环境下，言语的呈现需要通过听觉信道，而不是视觉信道。例如，学生通过听解说、看动画来了解材料内容，当解说词与动画都以视觉形式呈现时，学生不仅要对动画信息加以注意，还需要对文字信息进行关注，这会导致学生的视觉负担加重，造成部分信息的丢失。但是，当文本信息和图像信息分别以听觉、视觉呈现时，学生可以在听觉工作记忆区加工语言表征，而在视觉工作记忆区加工图像表征，这就大大减轻了学生的视觉负担，从而均衡分配，有利于学生对信息的理解和接受。因此，网络多媒体英语教学还需要坚持注意分配原则。

### （四）个体差异原则

与基础较好的学生相比，以上三条原则对于基础较差的学生更有效；与形象思维较差的学生相比，上述三条原则对形象思维较好的学生更有效。因此，这些效应的产生都与学生的个体差异有密切关系。以网络为手段的大学英语教学应该坚持个体差异原则，注意区分学生具有的基础知识及形象思维能力，使不同的学生都能够实现最好的言语与图像的结合，从而获取所需的英语知识。

### （五）紧凑型原则

以网络为手段的大学英语教学需要坚持紧凑型原则，这样有助于言语信息与图像信息的应用。在网络环境下，学生接收短小精悍的言语信息和图像信息，其学习效果更好。

# 第三节　大学英语教学的目标

## 一、帮助学生理解英语

“教师使学生懂英语”这个过程仍然是一个使能过程，但不是使学生掌握技能和学习本领，就像开车和修理机器一样，是使学生动脑筋、学习语言知识。学生的学习过程不是一个行为过程，而是一个心理过程，教学的中心仍然是学生。在这个过程中，学生是中心，是关键的参与者，而教师只是帮助者。

教师的任务是提供给学生所需要的一定量的知识。这里需要考虑的是“知识”一词。通常来说，学习英语有两种方式：学习英语和学习有关英语的知识。在此，掌握英语知识也可以称为懂英语。而懂英语除了具有掌握有关英语知识的含义外，还具有会说英语的含义，这就在解释懂英语上产生了歧义。它既表示学习英语意味着学会有关英语的知识，也表示学会说英语。这两种解释实际上代表着两种不同的教学模式。从第一种模式的角度讲，学习英语知识可以只让学生理解和记忆，而不必让学生进行实践，其重点是心理活动。从第二种模式的角度讲，学生不仅要理解和记忆所学的英语知识，还要学会英语运用技巧，学会把所学的英语知识运用到实际的英语交际中去，同时还要学会在特定的文化语境中，即在英语语境中从事所要进行的交际活动。这样，教学的目标可以有两种：使学生学会有关英语的知识和使学生会讲英语。

## 二、帮助学生学会英语

在“教师使学生学会英语”这一教学过程中，学生学习英语，教师帮助他们达到目的。学生是行为者，是教学的中心。教师是使能者，可以采用各种各样的手段来帮助学生学习英语，如可使用各种各样的技巧和现代化设备来帮助学生学习。

教师首先考虑的是学生，而他们自己的任务就是指导和帮助学生。但是，他们对教学目标没有很好地进行限定。从教学方法和程序上讲，教师把教学的主体变成学生，教师只是帮助学生达到学习目的，应该说这是一个很大的进步。但这个过程只是提供一种方法，并没有提供学习的具体内容。教师可以让学生自己学，由被动变主动来考虑学什么和达到什么目标的问题。这个教学过程的目标是使学生学会英语。

## 三、给学生传授语言知识

“教师把英语知识传授给学生”的教学过程在此被视为一个物质交流过程。在这个交流过程中，主要的参与者是给予者和礼物，即教师和他所教授的英语，而学生的存在是偶然的，他只是被给予的对象。

从人际交流的角度来讲，教师像赠送钢笔、图书等物品一样，把英语“给予”学生。在这种情况下，教师通常要教给学生的是他们自认为“好”的英语，如“标准英语”“文学英语”等。在这种交流过程中，教师处于绝对控制地位，学生则完全处于被控制的地位。所以，学生认为什么是好的英语是无关紧要的，因为他没有发言权。教学的重点是语言，施教者是教师，学生只是受益者，这是传统的英语教学模式。教学的目标是使学生学会教师认为是“好的”或者是“美的”英语，使学生学会标准的、高雅的英语。从方式上讲，教师在不停地教，而学生则只能不停地接受。至于他愿不愿意接受和能接受多少，教师不太注意，而注意的是学生是否在接受。从教学内容上讲，教师教给学生许多自认为好的英语知识，不在意这些语言知识是否在实际交际中有用。这是传统英语教学法的特点。教师通常为自己所选择的“美的”英语教学材料，或者是“美的”英语教学方式所陶醉。教师的快乐在于知道学生懂得了自己在英语课堂上所教授的内容。

## 四、训练学生的英语技能

“教师用英语教导学生”，从人际交流的角度来讲，这一教学过程的重点仍然是教师。学生是参与者之一，但只是一个被动角色。学生的参与受到外界因素的影响，受到教师行为的支配，自己没有学习的主动权。但在这一过程中，教师不再是简单地像给予学生东西一样把英语知识传授给学生，而是把英语作为表达教师与学生关系的一种手段，在一系列操练过程中，使学生提高了英语技能，达到了教师的训练目标。从英语课堂的内容来讲，在这一教学过程中，教师通常提供大量的课堂训练和练习以及进行大量的考试，教学目标是使学生掌握运用英语的技能。

## 五、跨文化交际能力的培养

大学英语教学不仅要重视英语技能的训练，还要注重交际能力的培养。交际活动不仅要求英语口语的正确性，而且要求英语口语的得体性。所谓“得体”，就是英语口语要符合英语行为规范、文化规则及英语所处的社会文化情境。实践证明，英语技能的训练不能自然生成交际能力；交际能力的形成除了与英语水平有关外，还与社会文化能力、语境能力、行为能力等诸多因素有关。因此，要想培养学生的交际能力，大学英语教学除了传授英语内容和进行英语技能训练外，还必须对学生进行跨文化条件下英语口语能力的专门培养和训练，以提高学生在特定的社会文化情境中的跨文化交际能力。

培养学生的跨文化交际能力是大学英语教学的最高目标。大学英语教学的过程实际上是一种文化适应的过程。一方面，它要求学生把英语文化与自身现有知识进行等值条件下的转换；另一方面，它要求学生积极地理解、吸收与本国文化不同的信息。由于英语与汉语的差异较大，学习英语不可避免地会遇到文化差异造成的障碍和困难。为了解决这种障碍和困难，大学英语教学必须强化文化教学，即在教学过程中相应地进行英语文化教学。从大学英语教学的角度来讲，教授英语知识和培养英语运用技能是前提、基础，而跨文化交际能力的培养是前者的深化和提高。前者是手段，后者是目标。

# 第四节　大学英语教学的影响因素与理论依据

## 一、大学英语教学的影响因素

大学英语教学中的影响因素较多，较为主要的有教师因素、学生因素和教学因素。

### （一）教师因素

教师是大学英语教学的重要因素，在英语教学中起到主导作用。在英语课堂上，教师主要充当两种角色，即掌控者和引导者。作为一名合格的英语教师，英语发音应该纯正，但并非所有的英语教师的英语发音都是纯正的，对此，教师可借助广播以及多媒体等手段弥补不足，确保学生在课堂上所听到的发音是纯正的。同时，教师在讲解单词、句子、课文时，应该穿插解释，对学生难以理解的词语要重复讲解。

在多数英语课堂上，教师讲解占据课堂大部分时间，虽然教师的讲解符合学生的学习习惯，但不能因此减少学生的练习时间。教师要注意不断变化教学形式，以增强课堂的趣味性。一名合格的英语教师还应具有一定的应变能力，能够预测课堂活动中可能出现的状况，可以很好地处理课堂上的突发事件，确保课堂活动有序开展。在英语课堂中，提问是教师常见的一种教学手段，可以有效激发学生的学习兴趣，促使学生积极思考，帮助教师对某些知识结构进行引导。教师应该随时调整提问方式，注意语言的运用，并提供反馈方式。教师在提问时，语言的运用十分重要。为了让学生充分理解教师所讲述的知识，教师在教学中可以采用重复话语、降低语速、增加停顿、改变发音、调整措辞、简化语法规则、调整语篇等方式。

学生是英语教学的重要反馈者，教师的反馈也十分重要。所谓提供反馈，指教师对学生的学习情况进行反馈。教师的反馈可以是对学生话语的回答，如表示学生的回答正确或错误、赞扬鼓励、扩展学生的答案、重复学生所答、总结学生回答、批评等。总而言之，教师应运用不同形式的教学方法，调动学生的积极性，扩展学生的知识面，培养学生的学习能力，提高整体教学效果。在英语教学中，教师要充当以下角色。

1. 语言知识与文化知识的传授者

语言知识是语言技能的基础，对于学生而言，学习英语要具备良好的听、说、读、写能力，具备一定的词汇量，掌握英语的语法基础知识，了解西方文化。教师向学生传授英语语言知识和文化知识的方式是多种多样的，不能采取“满堂灌”的教学方式。知识的传授要与语言实践活动密切结合，鼓励学生在教师的指导下进行探究式学习。

2. 语言技能的培养者

教师培养学生的语言技能是为了帮助学生运用语言知识进行交际，教师不仅是语言知识的传授者，更是语言技能的培养者。

3. 语言使用与交际的示范者

教师是学生学习语言与交际的示范者，学生在学习语言时的一个主要途径是模仿，教师则是主要的模仿对象。这就要求教师应做到两点：第一，教师本身要具备良好的语言基本功，能为学生提供正确的模仿内容；第二，教师的语言要适合学生的语言水平，适合学生模仿。

4. 语言交际活动的组织者和参与者

学生要想提高英语交际能力，需要进行大量交际实践活动，这就要求教师根据学生的语言水平和教学需要，在课堂内外组织多种形式的交际活动。在一些情况下，要求教师在活动中充当一定角色，在与学生交流过程中激发学生的兴趣并提出新的语言现象，使学生在不知不觉中掌握语言的用法。

5. 语言学习过程的诊断者与咨询者

英语学习是一个漫长的过程，学生会遇到各种困难与困惑，这就要求教师针对学生的实际情况做出相应“诊断”，确定学生产生困难或困惑的原因并给出建议，帮助学生解决困难、消除困惑。要做到这一点，首先，要求教师具备良好的理论素质，熟悉英语教学以及与英语教学相关学科的基本理论，了解英语的学习过程；其次，要求教师具有一定的敏感性，能在教学过程中及时、敏锐地捕捉到学生各个阶段出现的困难和问题。

6. 语言学习材料的推荐者和提供者

学生学习英语需要大量的语言输入，只靠一本教材是不够的，还需要补充一定的语言材料。现在市面上有各种英语学习资料，学生及家长在选择材料时具有一定的盲目性，这就要求教师针对学生的实际情况，为学生提供或者推荐合适的学习资料。

7. 学生学习动力与学习兴趣的激发者

学生是学习的主体，英语教学必须以学生为中心。英语学习成败的关键在于学生学习的动力是否充足，学习兴趣是否浓厚。对此，教师要在教学中根据学生的特点，如好奇心强、渴望成功、善于表现等，为学生设计教学活动，关注学生的进步并及时鼓励，对学生使用语言中出现的问题不过分指责，使学生保持学习的自信心。

8. 语言学习规律的学习者和研究者

对英语教师而言，自身的学习过程已经为教学提供了许多感性经验，但是感性的经验只有上升到理论，才能更加有效地指导教学活动。因此，一方面，教师要不断学习，提高个人的语言基本功；另一方面，教师应结合个人的教学实践，采用科学方法，探索与研究语言学习的基本规律。

（二）学生因素

1. 学生角色的定位

在英语教学中，学生主要扮演以下角色。

(1) 主人

学生是英语课堂教学的主人。学生对知识的探索、发现、吸收以及内化等，有利于知识体系的构建。

(2) 参与者

作为英语教学活动的重要参与者，学生应主动参与各项活动，积极思考，勇于表达个人观点，展示个人才能。

(3) 合作者

英语教学是师生之间及学生之间共同进行的活动，团队合作不可缺少。在合作中，师生之间、学生之间可以相互学习，相互帮助，共同提高。

(4) 反馈者

在英语教学中，学生的反馈信息是教师改进教学的一个重要依据。学生可以结合自身学习经历，就教学法的实用性向教师提出建议或意见，并协助教师改进和完善教学内容和教学方法，提高学习效果。

### 2. 学生的个体差异

学生之间的差异主要体现在以下几个方面。

(1) 语言潜能的差异

语言潜能包括：第一，语音编码、解码的能力，即关于输入处理的能力；第二，归纳性语言学习的能力，即有关语言材料组织和操作的能力；第三，语言敏感性，即从语言材料中推断语言规则的能力；第四，联想记忆能力，即关于新材料的吸收和同化的能力。学生之间的语言潜能存在差异，在英语教学过程中，教师应了解学生的语言潜能，因材施教，使学生能够针对不同的学习任务、不同的场合发挥各自长处，以收到良好的效果。

(2) 认知风格的差异

认知风格又称认知方式，指个体在认知过程中所表现出来的习惯化的行为模式，既包括个体知觉、记忆、思维等认知过程方面的差异，也包括个体态度、动机等人格形成和认知功能及认知能力方面的差异。每个学生都有自己与众不同的认知风格，不同的认知风格没有优劣之分，也并不体现在学生的学习成绩上。每个学生都有偏爱的信息加工方式，在学习不同材料时也各有所长，当学生的认知风格与教师的教学风格、学习环境中的某些因素相吻合时，会获得良好的学习成绩。因此，教师应了解并尊重学生的认知风格，并根据不同的学习任务和学习环境对学生因材施教，使教学特点与学生的需要有机地结合起来，从而获得良好的教学效果。

（3）情感因素的差异

情感因素差异主要涉及以下三个方面。

第一，学习动机。学习动机指激发个体进行并维持已引起的学习活动，使其行为朝向一定学习目标的一种内在过程或内部心理状态。学习动机是直接推动学生进行英语学习的内部动力，是影响英语学习成绩的一个关键因素。学习动机源于学习活动，也是学习活动得以发动、维持、完成的重要条件，并由此影响学习效果。

第二，性格。性格指一个人对现实态度和行为方式表现出稳定又可变的心理特征。性格是学生重要的情感因素，也是决定英语学习成功与否的关键因素之一。一般来讲，人的性格可以分为外向型和内向型两种。外向型的学生善于交际方面的学习，能够积极参与英语学习活动，并在活动中寻求更多的学习机会；内向型的学生在发展认知型学术语言能力上更占优势。对教师而言，研究学生在性格上的差异性的最终目的是了解学生的个体差异和不同的心理状态，因材施教，发挥不同性格学生的优势，以获得更理想的教学效果。

第三，态度。态度是个体对他人或事物的稳定心理倾向。态度是影响学习效果的重要因素之一。学习态度一般包括情感成分、认知成分和意动成分。所谓情感成分，是对某一个目标的好恶程度；认知成分是对某一个目标的信念；意动成分是对某一个目标的行动意向以及实际行动。通常来讲，获得好的学习效果应该对异质文化具有好感，向往其生活方式，渴望了解历史、文化和社会习俗等。学生对学习材料、教学活动的组织形式及对教师的态度都会影响学生语言学习的效果。因此，分析学生的个体差异，有利于教师制订合理的教学计划、选择适合的教学材料及方法。

#### 3. 成功的语言学习者的特征

第一，认真并愿意听教师讲课，坚持做笔记，对教师讲过的单词、短语、句子和课文等定期复习。

第二，具有冒险精神，能够大胆地运用所学知识，不怕犯错，对于教师的纠正有较好的态度。

第三，善于思考，可以用所学语言思维考虑问题，将所见所闻与学习过的语言知识联系起来。

第四，懂得通过与教师交流提高语言水平，主要表现在经常提问、积极发言。

第五，有适合个人的学习方法。例如，有的学生喜欢早上背单词、课文；有的学生则在睡前背诵单词、课文。学生应该善于寻找适合自身的学习方法和时段。

第六，有着长远的学习目标，能使近期目标比目前学习的内容更加深入，善于充分利用有限的课堂时间与教师和同学进行交流。

第七，懂得安排课后时间，拥有持之以恒的学习态度。

### （三）教学因素

#### 1. 教学内容因素

教学内容指在教学活动中为实现教学目标，师生共同作用的知识、技能、技巧、思想、观点、概念、原理、事实、问题、行为习惯等的总和。教学内容是一种特殊的知识系统，既有别于语言知识本身，又不同于日常经历；既要考虑英语学科本身的知识体系，又要考虑学生的年龄特点和实际需求。通常来讲，教学内容主要包括以下方面。

（1）语言知识

语言知识是综合运用英语语言能力的有机组成部分。语言知识是语言学习和语言运用的重要内容之一，英语语言能力的形成是以语言知识为基础的。

（2）语言技能

英语语言技能主要包括听、说、读、写四个方面，是形成综合语言运用能力的基础和必要手段。“听”的技能是分辨和理解话语的能力；“说”的技能是运用口语表达思想、输出信息的能力；“读”的技能是指辨认和理解书面语言的能力；“写”的技能主要是指运用书面语表达思想、输出信息的能力。在大量听、说、读、写等专项及综合性训练中，学生将会逐步提高各项技能的综合运用能力，为真实的语言交际奠定基础。

（3）情感态度

情感态度是指兴趣、动机、自信、意志和合作精神等影响学生学习过程和学习效果的相关因素。积极的情感态度有利于发挥学生潜在的各种技能；消极的情感态度会阻碍语言学习能力的养成。因此，教师在教学中应不断激发并强化学生的学习兴趣，引导他们逐渐将兴趣转化为稳定的学习动机，从而形成积极的情感态度。

（4）文化意识

文化意识是指所学语言国家的地理、历史、风土人情、传统习俗、生活方式、文学艺术、行为规范、价值观念等。对于学生来说，接触和了解英语国家的文化，可以加深对英语语言的理解和使用，提高人文素养，培养世界意识。因此，教师在英语教学中要注重对学生文化意识的渗透，根据学生的年龄特点和认知能力传授文化知识，培养其文化和世界意识。

（5）学习策略

学习策略是指学生为有效地学习和发展而采取的各种行动和方法，主要包括认知策略、调控策略、交际策略和资源策略等。培养学生的学习策略可以促使他们有效学习，并为终身学习奠定基础。良好的学习策略可以改进学习方式、提升学习效果，还能使学生学会如何学习，培养自主学习能力。因此，教师要帮助学生形成个人的学习策略，对学习过程和效果进行监控和反思，培养学生根据个人的学习风格调整学习策略的能力，引导学生善于观察他人的学习策略，愿意尝试不同的学习策略。

### 2. 教学方法因素

教学方法是教师和学生为了实现共同的教学目标、完成共同的教学任务，在教学过程中运用的方式或手段的总称。英语教学中有很多教学方法，并且都在英语教学中发挥不同的作用。具体而言，英语教学中如果采用固定的、一成不变的方法，可能会降低英语教学效率。即使在一堂课中使用一种教学方法，学生也会感到单调、乏味。因此，英语教学所采用的方法应具有灵活、多样等特点，要对各种语言技能有所侧重，如此才能全面提高学生英语学习的能力。

### 3. 教学环境因素

教学环境是一个由多种要素构成的复杂系统。广义的教学环境指影响学校教学活动的全部条件，它可以是物理环境和心理环境；狭义的教学环境指班级内影响教学的全部条件，包括班级规模、座位模式、班级气氛、师生关系等。教学环境要素可以总结为以下几个方面。

第一，社会环境。社会环境是影响和制约英语教学的重要因素，主要涉及社会制度、国家的教育方针、科学技术水平、经济发展状况、人文精神、英语教育政策、社会群体对英语学习的态度、社会对英语的需求程度等。英语教学发展的主要动力是社会环境，其对英语教学具有极强的导向作用。

第二，学校环境。学校是为学生提供学习场所和学习手段的最佳环境。学校环境对英语教学的影响是最重要和最直接的，决定着学生英语学习的成败。学校环境主要涉及课堂教学、接触英语时间的频率、班级规模、教学设施、教学资料、英语课外活动、英语教师及其他教职工对英语的态度及英语水平、校风班风和师生人际关系等。

第三，个人环境。个人环境也会对学生的英语学习产生一定影响。个人环境一般包括学生的家庭成员、同学、朋友的社会地位，物质生活条件，文化水平，职业特点和对英语学习的态度、经验、水平及学习方式，成员之间的关系及感情，学生的经济状况，拥有的英语学习设备和工具等。

教学环境对英语教学的影响体现在以下几个方面。

第一，教学环境能够使教师在教学中更加努力地营造良好的课堂环境，充分利用现代化教学设备，优化教学环境，提高学生对英语语言的运用能力。

第二，教学环境可以帮助教师正确认识环境对学生学习英语的影响，结合我国英语教学现状，理性地分析、判断和选择其他国家英语教学的理论和方法。

第三，教学环境可以帮助教师有效地加工语言输入材料，科学地设计语言练习，创造良好的课堂英语使用环境。

第四，教学环境有利于教师不断学习和优化课堂教学环境策略，以及在创设良好的英语教学环境过程中提高自身的教学素质。

## 二、大学英语教学的理论依据

### （一）行为主义心理学

行为主义心理学兴起于20世纪50年代的美国，其代表人物主要有华生和斯金纳，他们将学习看作刺激与反应的联结，并提出一个假设，即行为是学生对环境刺激所做出的反应。他们将环境看成刺激，把有机体行为当作反应，认为所有的行为都是通过学习获得的。

行为主义在学习理论中发挥了重要作用，特别是巴甫洛夫的经典条件反射和斯金纳的操作条件反射理论，在人类的学习中被广泛应用。

斯金纳认为人们言语的每一部分都是由于某种刺激的存在而产生的，这里的“某种刺激”既可能是言语刺激，也可能是外部刺激或内部刺激。人的言语行为和大多数其他行为一样，是一种操作性行为，是通过各种强化手段获得的。因此，课堂上如果学生做出操作性反应，教师需要及时给予强化：学生答对问题时要说“好”或“正确”，答错时要说“不对”或“错误”。这样，学生的言语行为会得到不断强化，发生错误的可能性会逐渐降低，从而学会使用与语言反射区相适应的语言形式。

## （二）人本主义心理学

20世纪50年代，人本主义心理学在美国兴起，与行为主义心理学和心理分析心理学形成对立。人本主义心理学的主要代表人物有马斯洛和罗杰斯，他们认为教育的作用在于提供一个安全、自由、充满人情味的心理环境，使人类固有的优异潜能得以自动实现。人本主义心理学的主要理论是“情意教学过程论”和“以学生为中心的教学模式论”。

人本主义心理学强调学生内心世界的重要性，并且把个人思想、意愿与情感放在所有人发展的中心地位。人本主义所倡导的学习理论不同于行为主义和认知心理学，从验证性研究中得到原则后再形成推论，而是根据经验原则提出观点与建议。此外，人本主义学习理论不限于对片面行为的解释，而是扩大至对学生整个成长历程的解释。

人本主义学习理论的基本观点包括：第一，强调人的价值，重视人的意识所具有的主观性、选择能力和意愿；第二，学习是人的自我实现，是丰富人性的形成；第三，学生是学习的主体，必须受到尊重，任何正常的学生都能自己教育自己；第四，人际关系是有效学习的重要条件，在学与教的活动中创造“接受”的气氛。

由此可见，人本主义学习理论的最大特点是重视学习的感情因素。因此，教师在语言教学过程中，要以学生为中心，突出学习过程和自我实现的价值，贯彻“以人为本”的原则。

## （三）建构主义理论

随着心理学的不断发展，以及心理学家对人类学习过程中认知规律研究的不断深入，在20世纪后期，认知理论的另一个重要分支——建构主义学习理论在西方逐渐流行。建构主义的最早提出者，可追溯至瑞士学者皮亚杰以及苏联心理学家维果茨基。

建构主义理论强调在教师指导下，以学生为中心的学习方法，认为学生是信息加工的主体，是意义的主动建构者，而不是外部刺激的被动接受者和被灌输的对象；教师是学习意义建构的帮助者和促进者，而不是知识的传授者和灌输者。

20 世纪 90 年代以后，随着科学技术的迅速发展，多媒体和网络技术为建构主义理论提供了技术支持，建构主义学习理论教学设计思想得到广泛应用。

## (四)“二语习得”理论

虽然在 20 世纪 60 年代“二语习得”理论已有展开，但是其真正成为一门独立学科是在 20 世纪 70 年代，其主要代表人物是美国学者克拉申，他针对第二语言的习得提出了语言监控理论。虽然人们对这一理论还存在争议，但是这一理论是具有影响力的外语教学理论之一。

### 1. 习得学习假设

对“习得”和“学得”的区分，以及对二者各自在习得者第二语言能力形成过程中所起到的作用的认识，是克拉申理论的出发点和核心。在习得学习假设中，克拉申将学得和习得明确地分开，将习得看作在学生无意识的状态下获得语言的过程；学得是学生有意识地通过课堂学习等方式获得语言的过程。简言之，习得和学得的知识处在大脑不同部位。

### 2. 自然顺序假设

自然顺序假设认为人们习得语言结构知识的顺序是自然进行的。例如，当人们学习英语时（第二语言学习），对“进行时”的掌握先于“过去时”，对“名词复数”的掌握先于“名词所有格”等。自然顺序假说并不要求人们按这种顺序制定教学大纲。事实上，如果以习得某种语言能力为目的，可以不按照任何语法顺序教学。

### 3. 监控假设

克拉申还提出了监控假设，说明学习的作用。事实上，监控假设与习得学习假设有着密切关系，体现出“语言习得”和“语言学得”的内在关系。根据这一假设，语言习得和语言学得的作用所存在的不同便显现出来。语言习得系统认为，潜意识的语言知识才是真正的语言能力。语言学得系统认为，有意识的语言知识只在第二语言运用时起到监控或编辑作用，这种监控作用既可发生在语言输出前，也可发生在其后。但是，监控能否发挥作用，主要依赖三个条件：①有充足的时间。语言使用者只有拥有足够的时间，才能有效选择和运用语法规则；②注意语言形式。语言使用者必须考虑语言的正确性；③知道规则。语言使用者一定要具有所学语言的语法概念及语言规则知识。在口头表达时，人们只注重说话的内容而忽视形式，没有过多地考虑语法规则。因此，在说话时，如果总是考虑语法监控，不断构思和纠正语法错误，会导致说话结巴，妨碍交际活动的进行。但在书面表达中不会出现这种状况，因为写作者有足够的时间推敲字句、斟酌语法。

4．输出假设

输出假设是斯温根据“沉浸式”教学实验提出来的，主要观点是语言输入是二语习得的必要条件，但不是充分条件。也就是说，要使学生达到较高的外语水平，除了依靠可理解性输入，还要充分利用各种资源，需要对将要输出的语言进行构思，保证其更恰当、更准确，并能被听者理解。这样，既可以提高学生语言使用的流利程度，又能使他们意识到自己在语言使用中存在的问题。因此，在外语教学课堂上，教师应该给学生足够的时间和机会使用语言，以提高学生语言使用的流利性和准确性。

## 第五节　英语教学法及其相关学科

英语教学法与教育学、语言学、心理学等学科有着密切的联系，这些学科被称为它的相关学科。英语教学法在它的发展过程中，不断从其相关学科中吸收自己所需要的养分，应用相关学科的研究成果来充实自己。可以说，英语教学法的发展与它的相关学科的发展是紧密相连的。

### 一、英语教学法和教育学

教育学阐述教育知识，研究教育现象，探讨教育问题并揭示教育规律。英语教学属于教育范畴，教育学的原则、原理和方法对英语教学有着指导作用，并能在英语教学中得到应用。在研究英语教学法时，教师可以应用教育学的理论去处理教学中出现的问题。

教育目的、教育方针和培养目标从宏观的层面影响着英语教学，英语课的开设、开设的时数、开设的目的和要求无不受其制约和影响。在教育学中，教育要适应社会发展和学生发展的需要，这能帮助教师更好地理解各种教学方法是怎样因社会需要而发展起来的，同时，它们也可以帮助教师根据学生的年龄、心理和生理发展的特点选用适当的教学内容和教学方法。教育学中所论述的教学原则也能用来设计课堂活动，这些原则包括科学性和思想性统一的原则、理论联系实际的原则、直观性原则、启发性原则、循序渐进原则、因材施教原则等。

在教育的过程中，“教师主导、学生主体”的思想为教师正确处理教师与学生之间的关系，摆正教师和学生在英语教学中的地位提供了原则和依据。教师可以把这些原则应用于英语教学实践，建立尊师爱生、民主平等的良好师生关系，积极创造良好的语言环境，调动学生学习的积极性并激发他们学习的兴趣，提高英语教学水平。

除了应用教育学的原理、原则之外，还可以应用教育测量的理论和方法去进行测试命题和测试结果的研究，英语教学实验的设计、数据的处理以及对英语教学工作的评价等。可以说，在英语教学实践中，教师需要应用与教育学有关的原理、原则和方法。

## 二、英语教学法和语言学

语言学是研究语言系统的科学，英语教学法是研究英语教学的学科，二者的研究都涉及语言，因此，它们之间必然具有密切的关系。在语言研究的领域，理论语言学或普通语言学研究语言的一般原则和人类语言的特点。这些原则和特点反映了人们对语言的看法——可称为语言观——从不同角度对语言的探讨加深了人们对语言特点的认识。对语言的不同观点、不同认识使人们在不同的时期、按照不同的社会需要创立了不同的英语教学法。例如，听说法、情境法是以结构主义语言理论为基础而建立起来的教学方法；认知法可以说是受乔姆斯基的转换生成语言理论的影响而创立的教学方法。当然，不同英语教学方法的建立除了根据不同的语言理论外，还需依赖语言学习论。

除了普通语言学，语言学的其他分支对英语教学法也具有影响。描述语言学集中研究某一语言的系统、结构，向我们提供有关英语结构和规则的描述；英语语音学描述英语语音的特点、语音现象和语音规律；英语语法学阐述英语语法规则和英语的结构；英语词汇学对英语的词汇特点进行详细的描述。这些语言学的分支能为英语教学研究提供丰富的材料，在选取英语教学内容方面，我们也可以从这些学科里得到原则和依据。

作为语言学的一个新的分支，社会语言学将语言作为一种社会现象进行研究，研究语言运用中不同的功能变体、文体、语域、话语范围和语码使用。社会语言学唤起人们对语言得体性的重视，这一点对英语教学法也是有启示作用的：英语教学应重视培养学生使用得体语言的能力。英语教学法不仅与教育学、语言学紧密相连，而且由于它研究教与学的过程和教与学的规律，因此它还与心理学有着密切的关系。

## 三、英语教学法和心理学

心理学是研究心理现象的科学，它不但对构成认识过程的感觉、知觉、记忆、思维、想象进行研究，而且对构成个性心理的因素（如需要、动机、兴趣、能力、性格等）进行探讨。英语教学是教师和学生之间的双向活动，心理学能帮助教师理解与认识教学过程中的心理现象，掌握学生的个性心理，能帮助教师认识学习过程的特点，遵照学习英语的规律，结合学生的个性特征，探索出提高英语学习效率的路径。

学习是心理学（特别是教育心理学）研究得较多的一个问题。不同的学者从不同的角度对学习进行了不同的研究，并提出了不同的学习理论。英语学习是人们进行学习的一种活动，它同样受学习理论的影响。事实上，不同的学习理论，如斯金纳的操作条件反射论、布鲁纳的认知发现学说等，都在创建不同的英语教学法的过程中与不同的语言理论相结合，构成了不同的英语教学法的理论心理。语言学主要研究语言的学习和使用，即个体怎样理解、生成和获得语言。心理语言学中关于儿童习得语言特点的论述，如“儿童置身于语言环境是儿童习得语言的必要条件”“语言的理解先于语言的生成”，为英语教学大纲中教学内容的制定、教学方法的设计以及第二课堂（课外活动）的开展提供了原则和理论依据。外语阅读的相互作用模式就是根据“图式理论”设计的外语阅读策略，而“图式理论”又是来源于德国的格式塔心理学派。这也说明了英语教学法与心理学及其分支学科紧密联系。

## 四、英语教学法和哲学

英语教学法研究英语的教与学。在研究过程中，我们会碰到各种各样的现象和问题。要根据当时、当地的实际情况对现象和问题进行分析和探讨，就需要掌握认识和分析问题的方法。从这个意义上来说，以科学的世界观和方法论来武装自己，也是研究所需要的。

掌握科学的世界观和方法论，有助于我们在研究英语的教与学时客观、准确、全面、辩证地研究教与学中的现象和问题，探讨教与学之间的关系，摸索教与学的规律。这样，才能按照学生的实际年龄与不同的心理特点、语言背景、个性，在不同的教学阶段按照不同的教学目标来制定不同的具体要求和教学方法。这样才能从实际出发，辩证地看待各个教学法流派，认识它们的长处，同时也摒弃它们的不足，按照教学实际灵活地使用各种教学方法。也只有这样才能对众多学者的研究成果做实事求是的分析，并能按照自己的实际情况，运用他们的研究成果来进行教学设计。

一些哲学家对语言的研究促成了哲学中的一个分支——语言哲学的产生。哲学家对语言的研究成果也适用于英语教学法。例如，哲学家格莱斯提出了会话含义理论。在会话含义理论中，格莱斯提出了“合作原则”，并说明了组成此原则的四个准则，即质的准则、量的准则、相关的准则和方式的准则。格莱斯会话含义理论为我们在正确理解会话意义提出了原则性的意见。在英语教学中，应如何使用这些原则和准则，以达到更好地理解语言的目的，也是英语教学法要研究和探讨的问题。从这个意义上来说，哲学不但为英语教学法提供了研究的方法，还提供了对教学有启发作用的理论。

# 第二章　大学英语教学的常用方法

## 第一节　任务型教学法

### 一、任务型教学的基础理论

#### （一）任务型教学的理论支撑

1. 学习论基础

任务型语言教学强调学习任务的意义性、真实性，强调交际任务的设计和选择要与学生的实际生活相关，以此来激发他们的学习兴趣和动机，促进积极的认知参与和自主学习，借助任务为学生提供与教师、同伴、学习客体（语言）交流互动、意义协商的机会和条件，在完成任务的过程中建构起对于学习客体（语言结构、词汇、表达方式等）的认识，并在运用中学会使用语言。“任务”成为主体（教师、学生）与客体（语言）相互作用的中介。

（1）皮亚杰的认知发展理论：语言学习是学生的积极建构

瑞士心理学家皮亚杰的学习理论是建立在对儿童认知发展研究的基础上的。该理论丰富了我们对语言教与学的认识。首先，语言学习应该成为学生积极建构语言输入和任务的个人意义的过程。作为学生，应以积极的态度应对语言输入，并使其潜在意义在其原有认知结构中找到合适的同化点。而对于教师来说，创造条件、帮助和促进这一建构过程是其最基本的任务，即教师要成为学习过程的促进者；其次，思维发展与语言和经验关系密切，主要依赖记忆的语言学习不可能产生深刻的思维；再次，学习任务的选择设计要切合学生的认知水平；最后，对于学生所犯的语言错误，教师应该多观察，帮助分析造成错误的原因，而并非如行为主义所言见错就纠。这样才能促进学生已有的语言图式的修改重组和新图式的建立，达到新的平衡。

皮亚杰的学习理论在任务型教学中得到了体现。任务型教学认为，第二语言的学习过程就是学生建构起对目的语系统的假设，并在不断地接触和运用中验证假设、修正假设，使自身关于目的语系统的认识不断完善的过程。任务型教学的设计以促进学生积极参与为前提。以任务为核心单位计划、组织语言教学的目的就在于为学生提供认识、体验、实践目的语的机会、环境和条件。学生为了完成任务积极思考，在用目的语交流互动、意义协商中，感受目的语的使用，领悟语言的规则，建构并不断完善关于目的语系统的认识。所谓验证假设、修正假设，实质上也就是同化、顺化、打破平衡、达到新的平衡的过程，进而使有关目的语系统的图式更加系统化、复杂化，语言学习也因此向更高水平发展。

(2) 布鲁纳的发现学习论：让学生在语言运用的过程中发现规则

布鲁纳是皮亚杰思想的重要推行者，不同的是他力图将认知发展的理论与课堂教学联系起来。他扩展了皮亚杰的认知发展理论，提出了学生的三种不同思维形式，即行动的、图形的和符号的。它们代表了学生理解和表达经验的基本方式。这三种思维表征是依次发展的，但逐渐变得交叉并存而不是相互取代。如果教师以此来设计教学，就能达到促进学生智慧或认知生长的目的。布鲁纳认为教育的目的在于发展学生的理解力和认知的技能与策略，而不是获得关于事实的现成信息，强调教学的最重要任务是配合学生身心发展，教学生如何思维，如何学会学习，如何从求知活动中发现规则，从而整理统合，组织成属于自己的知识经验。他所倡导的“发现法”，并不限于发现人类尚未知晓的事物的行动，而是包括用自己的头脑亲自获得知识的一切形式。因此，从本质上说，“发现法”强调的是认知主体的积极参与，其特征可概括如下：

第一，强调学习过程。布鲁纳认为，在教学过程中，学生的角色是积极的探究者。教师的作用是要形成一种学生能够独立探究的情境，而不是提供现成的知识。教师教一门学科，不是要把学生变为一个活动着的小型藏书室，而是要让学生自己去思考，参与知识获取的过程。认识是一个过程，而不是一种产品。在布鲁纳看来，学习的主要目的不是要记住教师和教科书上所讲的内容，而是要参与建立该学科知识体系的过程。所以，他强调的是，学生不是被动的、消极的知识接受者，而是主动的、积极的知识探究者。

第二，强调直觉思维。布鲁纳认为，直觉思维与分析思维不同，它不是根据仔细规定好了的步骤，而是采取跃进、越级和走捷径的方式来进行的。直觉思维对科学发现活动极为重要。直觉思维的本质是影像或图像性的。因此，教师在学生的探究活动中要帮助他们形成丰富的想象。

第三，强调内在动机。在布鲁纳看来，一般教学条件下学生的学习动机往往来自外部，如为取得好成绩、与同学竞争、为获得奖励或避免惩罚等。布鲁纳认为，形成学生的内部动机，较之把外部动机转化为内部动机更为重要。与其让学生把同学之间的竞争作为主要动机，还不如让学生向自己的能力提出挑战。所以，他提出要形成学生的能力动机，就是使学生有一种求得才能的驱动力。

第四，强调信息的提取。若加以比较就会发现，任务型教学在相当程度上体现了发现学习的特征。首先，任务型教学强调语言学习过程，坚信有效的语言学习不是传授性的，而是经历性的。学习活动和语言内容一样重要。在某些情况下，学习过程是第一性的，而学习内容是第二性的。任务型学习就是要让学生体验学习的过程；其次，任务型教学不主张直接呈现或讲解语言形式、语法规则，而是提供任务，任务中包含的问题需要借助语言来解决。完成任务的过程即学生积极地认知参与，在语言使用中感悟其规则系统，发现、归纳、掌握、内化规则的过程。因此，任务中相当一部分语言知识的加工是隐性的；再次，挑战性是任务设计的基本要求之一，以此来吸引学生的兴趣和注意力。通过完成任务（尤其是较大任务，如主任务、扩展性任务和课题任务等）体现能力、感受成功有利于形成内在动机；最后，就语言学习而言，信息的提取主要表现为语言的运用。任务型教学的主要目的就是要借助任务，创造运用语言的机会和环境，让学生在交际中学会交际、学会活生生的语言，从根本上避免机械学习，死记硬背。

(3) 奥苏贝尔的意义学习论：死记硬背获得的语言知识难以提取

上述讨论的许多方面用意义学习理论解释也是准确的。所谓意义学习是相对于机械学习、死记硬背而言的。在奥苏贝尔看来，机械学习是无效的，因为未能与学生原有认知结构建立起联系，得到的不过是一些孤立的、凌乱的信息，难以提取，更谈不上会用，这样的学习显然是没有意义的。意义学习的实质就是要使新信息与学生原有认知结构建立起内在的联系，使之内化为其认知结构的有机组成部分，真正成为学生自己的东西。英语学习的特殊性容易导致机械学习，有些教学方法（如听说法）甚至把机械的句型操练视为建立起语言习惯的法宝。因此，如何避免机械学习，促进意义学习的产生是英语教学特别需要关注、解决的。奥苏贝尔对此认为，教师要设法引起学生兴趣，努力使新论题、新概念与学生已有知识背景建立联系。与此同时，教师还应尽可能避免过多的语法解释。

2. 教学论基础：活动教学

若从教学论的角度进行分析，任务型教学实践着活动教学的理念。任务是任务型教学的核心概念。之所以称之为任务型教学，是因为从教学内容的选择到课堂教学的组织、实施、评价都是围绕任务进行的。这里所谓的任务，本质而言就是用目的语做事。任务型教学的交互性、真实性、过程性、学用结合、学生的个人体验与主动参与等特征都是通过让学生完成交际任务，即通过开展有目的的交际活动体现出来的。可见，活动是实施任务型教学的主渠道，活动贯穿任务型教学的始终。

（1）活动教学

活动教学思想有着悠久的历史。从历史上看，活动教学思想经历了一个长期演变、发展的过程，它是在不断批判以灌输、记诵、被动接受为特征的旧教育体系的过程中逐步确立起来的。卢梭、裴斯泰洛齐、杜威是活动教学思想的发展者和积极实践者。教育教学研究对活动教学进行了现代诠释：活动教学涵盖的“活动”是一个具有特定内涵的概念，主要指学校教育教学过程中学生自主参与的，以学生学习兴趣和内在需要为基础，以主动探索、变革、改造活动对象为特征，以实现学生主体能力综合发展为目标的实践活动。这一界定表明，传统教学中学生在被告知、被教导、被演示的情况下被动参与的活动，以及观念活动与实践活动相脱离的活动不是活动教学意义上的活动。

所谓活动教学，主要指以在教学过程中建构具有教育性、创造性、实践性、操作性的学生主体活动为主要形式，以鼓励学生主动参与、主动探索、主动思考、主动实践为基本特征，以实现学生多方面能力综合发展为核心，以促进学生素质的全面提高为目的的一种新型教学观和教学形式。可以看出，活动教学具有两种存在形态，它既是一种教学观，又是一种教学形式。作为一种教学观，活动教学视教学过程为一种特殊的活动过程，强调活动在学生认知、情感和个性行为发展中的重要作用，提出教学认识的关键就在于建构学生的主体性认识活动，在于通过活动促进学生的主动发展。这一教学观具有普遍适用性，可用于指导一切形式的教学活动。作为一种教学形式，活动教学的基本主张及其规范要求可概括如下：

活动教学是坚持“以活动促发展”为基本指导思想的教学。活动教学对现代教学理论和实践的突出贡献之一就是将“活动”的概念引入教学领域，并将“活动”与“发展”紧密联系起来。“以活动促发展”意味着“活动”与“发展”是教学的一对范畴，“活动”是实现“发展”的必由之路。学生的认知、情感、行为的发展是通过主体与客体相互作用的过程实现的，而主客体相互作用的中介正是学生参与的各种活动。

教育教学作为一个特殊的活动过程，其直接任务是要为学生创造活动，提供适宜的活动目标和活动对象，以及为达到目标所需的活动方法和条件，让学生作为主体去活动，在活动中完成学习对象与自我的双向建构，实现自我发展。

活动教学是倡导以主动学习为基本习得方式的教学。活动教学认为，学生的学习过程是学习主体对学习客体（包括现实客体和知识客体）主动探索、不断变革，从而不断发现客体新质，不断改进已有认识和经验的过程，而不是如传统教学所认为的是学生通过静听、静观接受现成知识结论的过程。因此，在教学实践中，活动教学倡导以主动学习为基本习得方式。主动学习是一类学习方式的总称，它具体包括探究发现学习、问题解决学习、技能操作学习、交往学习、合作学习、体验学习等多种学习方式，也包括有意义的接受学习。因为有意义的接受学习与被动接受学习有本质的不同，它要求学生积极主动地把新知识纳入原有知识结构，并不断改组重建已有的认知结构，实现知识的同化。知识的同化过程也包括了问题解决和创造。主动学习的共同特征是：以学生的兴趣和内在动机为基础，在学习对象的主动操作、探索、加工、体验、变革的自主活动过程中完成，学习目的不仅在于掌握知识，更在于通过过程掌握方法、发展能力。

活动教学是侧重以问题性、策略性、情感性、技能性等程序性知识为基本学习内容的教学。以学生的主动学习为特征的活动教学受知识本身的特点制约，因此活动教学有特定的对象内容和适用范围。现代认知心理学的广义知识观将知识划分为陈述性知识和程序性知识。陈述性知识是有关“是什么”的知识，它主要体现为事物的名称、概念、命题、事实等方面的知识，例如：“我国的首都是北京”。学习这样的单个命题所获得的就是这种知识。这类知识通过教师的讲解就可以为学生所掌握和记忆，通常又被称为记忆性知识。程序性知识是有关“为什么”和“怎么办”的知识，主要涉及概念、规则和原理的理解和应用，解决问题的技能、方法、策略的形成以及情感的体验等。这类知识具有较强的特殊性、个体性和活动性，它关心的是在教学实践中如何通过学生的主动活动促进对概念原理的理解，以及如何将储存于头脑中的原理、定律、法则等由静态的命题知识转化为动态的应用操作技能，实现由储存知识向探究知识、运用知识的转化，促进学习能力的发展。因此，掌握这类知识不能单靠讲授、告知的方式，还必须通过操作、探究、体验。从知识的内在特征来看，程序性知识客观上要求必须以活动的方式来实现知识的内化，因而是非常适合以活动教学方式进行教学的知识类型。

活动教学是强调以能力培养为核心、以素质整体发展为取向的教学。以能力培养为核心、以素质整体发展为取向体现了一种新型的教学目的观，它以“活动”与“发展”关系的基本主张为认识和实践的基础，是由活动教学的基本宗旨和实践特点内在规定的，集中概括了活动教学对于教学价值、教学功能的认识，意味着活动教学不仅在认识上突出了能力培养和素质整体发展的重要性，更重要的是它找到了促进学生能力及素质整体发展的基本途径——学生的主体实践活动。这一目的观表明，只有在丰富多样的主体实践活动中学生的认知、情感、能力才有可能得到整体发展。

（2）活动教学思想在任务型教学中的体现

当我们用活动教学观来衡量审视任务型教学的时候，完全有理由说任务型教学是活动教学观在语言教学领域的实践形态。

首先，任务型教学以“任务”即“用语言做事的活动”为其基本教学组织形式。之所以如此是基于这样的认识：有效的语言学习不是传授性的，而是经历性的，让学生参与有目的的交际活动，在交际中认识、掌握、学会使用目的语是习得第二语言的最有效途径。因此，课堂教学的任务首先是要为学生提供认识、体验、实践目的语的机会、环境和条件。任务型教学把贴近学生实际生活的、有待他们借助目的语完成的任务作为教学组织的基本单位的目的就在于此，任务成为蕴含教学目的，创造机会、环境、条件，体现教师作用，引导学生主动参与，从而认识、体验、学会使用目的语的中介；其次，从学习方式来看，任务型教学积极倡导合作学习、交往学习、探索发现学习、体验学习等方式。任务型教学的主要实践原则就是互动性。“互动”不可能单向，必然包含合作协商。用目的语交流、沟通、协商，进而完成任务的过程，能够促进交际各方在目的语的掌握使用上相互取长补短，能够促进各方中介语系统的扩展、修订、重构；最后，从发展能力、提高素质的角度看，人作为社会个体，交际能力是最基本的生存能力之一。仅从这一点看，语言教学注重培养交际能力的意义不仅在于学习语言，也是为了人的发展需要。任务型教学所强调的互动性在促使学生学会用目的语交际的同时，使学生学会了沟通，学会了合作，学会了共同学习。因此，它也是以“活动”促发展的。

特别能够引起人们思考的是，前述关于活动教学的认识基础和实践基础的分析阐述为任务型教学以任务为本的合理性提供了新的理论解释。作为第二语言习得的教学途径，任务型教学主张语言输入与输出并重，即使语言的输入也认为应在完成交际任务，即有目的的交际活动中获得，因此，可以说它更强调输出。若用广义知识划分来解释，语言的规则系统属程序性知识的范畴，因此，其不能像陈述性知识那样通过教师的讲解、告诉而掌握、会用。依据活动教学的理论解释，程序性知识客观上要求必须以活动的方式来促进对知识的理解，实现知识的内化。同时还应看到，语言学习是情感的体验，因为语言文字是传情达意的，必定负载着思想和文化信息，体现一定的价值观，给学生以情感的触动。因此，可以说，任务型教学重视活动，强调让学生在用目的语交际中领悟目的语的规则，并在使用中掌握、内化规则。可见，这一做法是将语言规则作为程序性知识来看待的，其中蕴含的合理性得到了新的解答。认识到这一点的重要意义在于：知识的内在特性本身也揭示了在英语教学中给予活动以应有地位的极端重要性。这就不难解释为什么传统教学中教师辛辛苦苦地讲，学生花费了大量时间精力背单词、学语法、做习题，但结果往往不尽如人意。这是因为学生缺少在语言情境活动中的交往实践，未能将语言知识转化成语言运用能力，把语言当成静态的知识来学，其结果可想而知。

### （二）任务型教学法的类型与原则

#### 1．任务型教学法的类型

（1）任务类型

①目标性任务或真实世界的任务。目标性任务或真实世界的任务指的是学生离开课堂在生活、学习、工作中可能遇到的各种事情，例如收听天气预报、预订机票等。它们是学生学习英语的最终目的。

②教育性任务。教育性任务包括激活式任务和演练式任务。激活式任务激活学生新学习的语言技能，例如角色扮演、信息交换等。演练式任务与真实生活中的任务相似，例如在报纸上寻职并模仿求职过程等。在完成这些任务的过程中，学生从模仿性地运用语言逐步过渡到创造性地运用语言，从而习得语言。

③单元任务。为了达成单元教学目标，教师结合单元功能话题以及语言形式等内容而设计的一系列任务即单元任务。每个单元任务都可能具有激活式任务、演练式任务的特征，而任务之间又存在着相依性、涵盖性的特征，并由此形成由易到难、由简到繁、由初级向高级且高级又涵盖初级的链式循环结构——单元任务链。

④课时任务。单元教学目标被分解为更加具体的课时目标，为实现课时目标，教师为具体一堂课所设计的一系列任务即课时任务。任务之间同样存在着相依性、涵盖性的特征，并由此形成课时任务链。单元任务与课时任务之间的关系是单元任务链中的每个单元任务分别是各节课时任务链中的高级任务，单元任务涵盖课时任务。

（2）任务、活动、练习

从任务的定义不难看出任务就是活动。任务型课堂教学就是把课堂活动任务化。在实际课堂教学中，一个一个的任务串起若干活动，这些活动既有任务的特征又有练习的特征。有些活动可能有多个步骤，其中有些步骤更接近任务，而有些步骤可能更接近练习。采用任务型语言教

学途径不能否认练习对语言学习的作用。练习是完成任务所开展的系列活动中的某一个步骤，是围绕语言项目本身进行的一些复习、巩固语言知识的活动，只有语言的结果。而在完成任务过程中，学生围绕一个具体的目标，分步骤做事情，任务有一个非语言结果。

2. 任务型教学法的原则

任务型教学法在大学英语教学中应用十分广泛。在明确了任务型教学法的兴起背景以及类型、原则等理论知识的基础上，为了在大学英语教学中更好地应用和实施任务型教学法，教师应该在实施任务型教学法时明确任务型教学法的原则，下面对其进行具体分析。

（1）强调真实性

在具体应用和实施任务型教学法中，教师应该保证教学任务设计或教学活动设计的真实性。具体而言，就是教师要明确语言交际应该在怎样的情境中发生，或需要什么样的情境进行交际。真实性原则是教师在教学中实施任务型教学法必须遵循的原则。只有使语言与情境有效融合，才能实现交际的目的。如果没有真实性的情境，交际也很难顺利进行，语言知识与情境也很难融合在一起。

另外，教师应该从思想上意识到真实性原则在任务型教学法实施中的重要性，应该重视语言知识的情境性设计，鼓励学生不断适应新的情境，同时引导学生利用各种手段和途径来理解语言知识情境。在此基础上，学生还应该学会将自己学习的语言知识与新的情境有效融合，从而实现知识中有情境、情境中有知识的多元化体系。

除此之外，需要强调的一点是，在大学英语教学中，绝对的真实性情境并不容易实现。这里强调的真实性原则并不是绝对的真实性，而是要求尽可能地真实，尽可能地与现实生活贴近，或尽可能地为学生提供真实的教学情境、学习情境和交际情境。

（2）关注信息差

信息差，简单理解就是交际双方之间各自拥有的新信息。信息差的实施必须有共享信息作为基础。交际双方只有在共享信息的基础上，才能通过交流和交际来获得各自所需要的新信息。这也就是交际双方交际的最终目的。

在进行交际或理解任务的过程中，交际双方十分重视任务的内容、意义等，并不重视语言采用的形式以及语言的表达、语法的准确。交际双方只要理解了任务的内容和表达的意义，就可以称得上交际的成功或任务执行的成功。

因此，教师在教学中实施任务型教学法的过程中，应该关注信息差，了解共享信息的基础作用，理解双方的交际需求，明确任务本身所要表达的意义或价值。

(3) 注重互动性

语言教学需要互动性，大学英语教学也不例外。因此，任务型教学法的实施应该注重互动性。互动性强调的是交际双方在交际过程中的双向性，无论是对话、会话还是讨论都是互动性的。具体到日常生活的交际中，最为常见的交际方式也是双向的。不可否认的是，在日常生活交际中也存在着一些单向的交际方式，例如话剧中的独白就是常见的单向交际方式。

在交际过程中，互动性是语言输出的基础，是信息交流的前提，是意义协商的保障。在互动中，必然有合作，必然有交流。需要指出的是，互动还需要一定的条件，例如话语常规、人际关系、交际需求等，只有这样，才能保证互动是有意义和有价值的。同时，在互动过程中，为了能够保证互动的顺利性和有效性，互动双方还应该选择不同的语言交际形式。另外，互动的过程也是交际双方互相了解对方的过程，也是获得交际需求的过程。可以说，互动能够使交际双方更好地认识语言、了解语言、理解语言和使用语言。

具体到大学英语教学中，英语教师在应用任务型教学法的过程中，也应该遵循互动性原则。例如，在大学英语教学过程中，教师可以通过对话、提问、交流、讨论、合作等形式来实施教学。同时，教师应该充分发挥互动的作用，采用多种方式鼓励学生主动发言、主动交流、积极提问、主动辩论等，这样有利于学生从中感受到互动的乐趣，激发学生学习英语的兴趣。另外，教师应该将互动性贯穿教学的整个过程，多布置一些互动性的任务，鼓励学生积极参与到互动活动中，从而使学生更好地完成任务。

（4）重视做事过程

在任务型教学法实施过程中，教师还应该重视做事过程。在具体的任务设计中，教师应该多布置一些动手动脑的任务，并鼓励学生通过手脑结合来完成具体的任务。实际上，学生做任务的过程就是做事的过程。具体到语言教学中，就是用语言完成事情的过程。在这一过程中，学生不仅要对问题进行思考、分析，还要寻找各种方法解决问题。另外，教师还应该引导学生具体问题具体分析，选择科学、合理的方式来解决具体的语言问题，最终在认真做事过程中完成语言任务。

在语言教学中，究竟应该重视教学过程还是教学结果，不同的教学方法研究者有着不同的观点。任务型教学法研究者认为过程比结果要重要得多。在做任务的过程中，学生通过思考问题、分析问题、解决问题，能够使自己的语言知识更加丰富，使自己的语言体系更加健全。

（5）注意操作性

任务型教学法在实施过程中，还应该注重任务的可操作性。如果任务或教学活动设计得过于复杂或过于难，则不利于学生顺利完成任务。同时，在设计教学活动或教学任务过程中，教学道具、教学内容、教学时间等都应该合理安排，使其既能够满足教学需要，又能够将教学的内容和意义表达出来。

另外，有一些教学活动或教学任务有时间的限制，因此，在注重可操作性的基础上，教师在设计教学活动和任务时，应该充分考虑多种因素，将课堂教学与课后练习相结合，同时还可以借助一些道具或利用一些信息化教学手段来进行设计，进而鼓励学生积极主动地完成任务。除此之外，为了提高任务的可操作性，在设计教学活动和教学任务的过程中，教师应该尽量使任务设计的内容简明扼要，可以将任务做成能够修改的方式，还可以对任务中的内容进行重复运用。

（6）组合弹性模式

在任务型教学法实施过程中，教师还应该重视弹性模式。也就是说，在设计教学任务和教学活动过程中，教师应该结合具体问题进行具体分析，不能将任务设计成固定的模式，应该将弹性模式融入具体的任务型教学，只有这样才能促进任务教学法的广泛应用。

## 二、任务型教学模式的特点与价值

### （一）任务型教学模式的特点

#### 1. 教学内容的真实性

任务型教学模式注重内容的真实性，这是任务型教学模式的显著特点。具体而言，任务型教学的内容大多数都与学生的日常生活密切相关，同时教学活动也是丰富多彩和富有层次的。任务型教学在不同阶段有着不同的任务或活动设计。例如，在初级阶段，主要注重的是意义的建构和机械性的活动；到了中级阶段尤其是在高级阶段，主要注重的是知识运用方面的活动设计。无论任务的内容如何设计，都应尽可能地贴近学生的生活，保证内容的真实性。

#### 2. 循序渐进的任务链

传统的教学模式虽然有着具体的教学程序、任务和步骤，但大多数教学程序、任务和步骤之间是孤立存在的，并没有紧密的联系。而任务型教学模式作为教学中的一种常用模式，不同于传统的教学模式，它包含数个不同的任务，且每个任务之间并不是孤立存在的，而是相互联系、相互制约、相互促进的。具体而言，在任务型教学模式中，任务的设置都是循序渐进的，遵循着由简单到复杂的顺序，同时，任务与任务之间都是紧密相连的，具有层次性、关联性、连续性等特征。另外，任务型教学涉及的任务十分广泛，如单一的或综合的、输入的或输出的、初级的或高级的等。这些任务相互促进、共同发展，形成了一个循环的任务链。

3. 师生角色的转变

众所周知，在传统的教学模式中，教师是绝对的权威者和传授者，处于语言教学的主体地位，而学生只能被动地接受教师讲解的知识。而在任务型教学模式中，教师的角色发生了一定的转变，教师负责设计任务、提供资料、组织教学活动、引导学生学习等，由传统的权威者转变成设计者、提供者、组织者、引导者、示范者等。

相应地，在任务型教学模式中，学生的角色也发生了一定的转变。在传统的语言教学模式中，学生的主体地位被严重忽视，学生是知识的被动接受者。而在任务型教学模式中，学生的语言项目使用不受限制，既可以个人独自完成学习任务，也可以与小组内的其他成员通过合作的形式完成学习任务。总之，任务型教学模式以学生为中心，学生由传统的被动接受者转变为主动参与者、自主学习者、主动思考者、积极合作者、调控者。

4. 评价方式的转变

任务型语言教学模式与传统的语言教学模式在评价方式上有着很大的不同，下面从不同的方面对其进行简要分析。

(1) 从评价目标而言，传统语言教学模式注重评价的结果、最终的成绩等；而任务型语言教学模式注重评价的过程、能力的提高和发展。

(2) 从评价内容而言，传统语言教学模式注重单一语言知识的传授；而任务型语言教学模式主要重视的是语言的应用能力、语言的学习过程。

(3) 从参与评价主体而言，传统语言教学模式主要注重教师评价，评价的主体具有单一性的特点；而任务型语言教学模式的评价主体具有多样化的特点，不仅包括教师、学生，还包括家长与社会。

（4）从评价手段而言，传统语言教学模式主要采用的是单一性的评价手段，通常主要通过采用固定性考试的手段来对学生的学习情况进行评价；而任务型语言教学模式采用的评价手段是多元化的，既包括测试性与非测试性评价，也包括形成性评价与终结性评价，还包括教师评价、学生互评和学生自评。

（5）从评价效果而言，传统语言教学模式受应试教育的影响，用考试和分数来衡量教学的效果；而任务型语言教学模式注重学生合作精神的培养，鼓励学生积极主动参与学习活动。

## （二）任务型教学模式的价值

### 1. 英语教学方面的价值

#### （1）增加语言的输入和输出

根据克拉申的输入假说可以知道，语言的使用与可理解性输入有着直接的关系，并不是教师通过教学教出来的。由此可见，在教学中尤其是在语言教学中，要想习得语言，就应该注重语言的输入。在此基础上，斯温对语言习得进行了更加深入的研究，他认为，语言输入是语言习得的基础和前提，语言习得不只与语言输入有着密切的联系，还与语言输出有着紧密的联系。只有可理解输入与可理解输出有效融合，才有利于语言习得，也才能使学生更好地学习语言和使用语言。从上述分析可以看出，大量的语言输入与输出是一种理想情况，对于语言习得具有重要的意义。在任务型语言教学中，其目的就是采用各种手段为学生提供真实的情境，从而促进学生更好地学习和使用语言。

众所周知，在传统教学模式中，教师是教学的中心，学生只能被动地接受知识。而在任务型语言教学中，教师注重任务的设计及小组活动，增加了语言的输入，而语言的输入的增多使得语言的输出也有了一定的增多。

除此之外，在任务型教学模式中，学生的中心地位越来越突出。学生

学习的积极性、主动性也有了很大程度的提高。在课后，学生也会根据自身的情况自主搜集一些资料，同时通过互动、交流的方式分享给其他同学。学生间的交流与分享，有利于学生理解语言、使用语言，有利于学生自主学习能力的培养，有利于学生的语言输出，同时也有利于学生交际能力的提高。同时，各种学习任务也会在一定程度上丰富语言相关的资料。

（2）改变学习环境和学习方式

①学习环境的改变

学习环境是教学目标实现的基础，是教学效果提高的保障。长期以来，我国采用传统的语言教学模式，忽略了学生的个性、兴趣、特长、自主学习、价值观等，对学生过于严格，没有留给学生足够的学习和思考时间。这种传统的教学模式不利于激发学生学习语言的兴趣和热情，也不利于提高学生学习的主动性。

而任务型教学法能够为学生学习提供真实的情境和轻松愉快的学习氛围，这有利于学生积极主动地参与到教学活动中，积极思考，不断努力，从而更好地完成任务，感受任务的重要性和意义。

可见，任务型教学模式与传统语言教学模式不同，它在学习环境方面发生了显著的变化。就课内学习环境而言，传统的语言教学模式严重忽略了学生的主动性；而任务型语言教学模式注重对学生学习主动性的调动。就课内语言环境而言，传统的语言教学模式不注重学生语言的运用，很少给学生提供语言运用的机会；而任务型语言教学模式注重语言的输入和输出，注重功能语言的运用，并采用多种方式为学生提供各种语言运用的机会。就校内学习环境而言，传统的语言教学模式以教师为中心，严重忽略了学生的主体地位，师生之间是一种不平等的关系；而任务型语言教学模式以学生为中心，注重教师的引导作用，注重平等、和谐、融洽师生关系的建立。就校外学习条件而言，传统的语言教学模式不注重语言的接触和运用；而任务型语言教学模式十分注重语言的接触和运用，并为学生提供大量的机会。学习环境的改变对语言教学具有十分重要的意义。

②学习方式的改变

传统的教学模式主要是教师讲授知识，学生被动地接受知识；而任务型教学模式十分重视学生的小组学习。将小组学习运用到英语教学中具有十分重要的意义，具体表现在以下几个方面。

第一，为学生提供真实的学习情境，激发学生学习的兴趣，提高学生学习的积极性。

第二，为学生营造轻松、愉悦的学习环境，使学生更加轻松地学习和思考。

第三，注重学生的特长和兴趣，注重个别教学和辅导。

第四，注重学生英语的使用，有效提高了学生使用英语的效率和质量。

第五，使学生更加倾向于使用英语，尤其是在小组学习中。

综上所述，任务型教学注重小组学习，而小组学习有利于激发学生学习的兴趣，促进学生积极学习。尤其是对大学英语教学而言，任务型教学模式能够为学生提供真实的语言学习情境，对大学英语教学的开展和发展具有十分重要的意义。同时，任务型教学模式注重个别辅导，注重学生语言的运用和实践，为学生提供互动和交流的平台。除此之外，小组学习还有利于学生意识到合作学习的重要性，并在小组学习中不断培养自己的合作精神。

(3) 实现互动性课堂教学

从本质上而言，任务型教学具有很强的互动性。因此，任务型教学模式可以实现互动性课堂教学，有利于提高大学英语教学的效果，实现大学英语教学的目标。

下面对互动性课堂教学的优势进行深入分析。

①角色的动态性

基于互动性的课堂教学并不是静止不变的，即使是教师和学生，其在课堂教学中的角色也是动态性的。具体而言，可以从以下四个阶段进行分析。

第一，启动阶段。在启动阶段，教师主要扮演的是设计者的角色。这种角色要从整体的角度来进行教学设计，需要考虑的因素有很多，例如任务形式、活动语境、学生学习情况、任务内容、语言材料等。除此之外，教师还应该鼓励并引导学生积极参与到教学设计中，并结合学生的实际情况，融入一些代表性的观点，从而使教学设计和教学活动与学生的动机相吻合。

第二，展开阶段。在展开阶段，教师主要扮演的是组织者、辅导者和参与者的角色。在启动阶段结束之后，学生就进入了展开阶段。教师要充分发挥自身的指导作用对学生进行辅导。作为参与者的角色，教师通过与学生的互动与交流，共同营造良好的学习氛围。

第三，深入阶段。在启动和展开阶段结束之后，就进入了深入阶段。在深入阶段，教师主要扮演的是促进者的角色。这种角色的作用是提高学生的学习热情，促进学生积极参与，不断进步。学生所扮演的角色是发现者的角色，通过发现问题、思考问题、分析和研究问题，促进教学活动的进一步发展。

第四，结束阶段。在结束阶段，教师主要扮演的角色是评价者与观赏者。在这一阶段，教师应该结合学生的实际情况，对学生的学习情况进行综合衡量和评价。需要注意的是，教师对学生表现出来的优点应该及时予以表扬，对于学生表现出来的不足也不应该一味地指责，而要帮助学生进行改正，从而促进学生全面发展。对于学生而言，其扮演的角色是评价者。在这一阶段，学生在教师的引导下积极进行自我评价。

②互动的多维性

在传统的教学模式中，教师主要采用的是“满堂灌”的教学模式，学生只能被动地接受知识。传统教学模式强调的信息互动，其实只是一种单向的互动，即教师将信息传递给学生。从本质上而言，并不能称得上是真正意义上的信息互动。任务型教学模式强调的互动具有多维性的特点。具体而言，主要包括教师与学生之间的互动、教师与教师之间的互动、学生与学生之间的互动、个体与个体之间的互动、个体与群体之间的互动、群体与群体之间的互动等。因此，任务型教学模式强调的信息互动才能称得上是真正意义上的信息互动。

在具体的互动中，教师与学生要形成一种平等、和谐、互动的师生关系。

③合作共享

任务型教学模式是一种互动性很强的教学模式，它具有合作共享的特点。对于这一特点的理解可以从两个方面入手：一是合作性。在信息传递中，教师与学生、学生与学生之间所拥有的信息是不同的，这就形成了彼此之间的信息差，而通过任务型教学模式的互动性可以填补这种信息差；二是共享性。在信息处理中，教师与学生、学生与学生之间所拥有的信息并不是封闭的，而是可以共享的。

还需要指出的一点是，信息差是合作共享的基础。要想实现合作共享，就应该在教学设计过程中融入信息差。同时，合作共享的实施还与教学的组织形式有着紧密的关系，而小组活动是任务型教学模式常用的一种教学组织形式。

④体验创造

学生运用已有知识进行交流和表达思想的过程就是创造的过程。具体可以从三个方面进行理解：一是理解的创造性。学生结合自己已有的知识结构、经验等对信息进行编辑、加工、整理。这一过程反映了学生理解的创造性。二是语言的创造性。学生结合实际需求，对自身已有语言知识进行整理、加工和重新组合，从而将自己的真实情感融入其中。三是交际的创造性。交际中势必会存在信息差，即使进行不同程度的填补，也会产生新的信息差。

在语言教学中，要想使学生能够体验到语言学习中的这种创造性，教师应该注重教学活动情境的设计，任务型语言教学模式也不例外。教师在教学活动设计过程中，应该综合考虑多种因素，如教学因素、学生因素、环境因素等。只有这样，才能使学生在互动中体验创造。

2. 素质培养方面的价值

（1）调动学生的学习积极性

任务型教学模式不同于传统教学模式，它有明确的任务，注重真实情境的创设和学生的互动，有利于激发学生学习的兴趣和积极性。

（2）培养学生的自主学习意识

任务型教学模式主要分为任务前、中、后三个阶段。在每个任务阶段，学生为了更好地完成任务积极主动地学习、参与、思考、交流与实践，这一过程有利于学生总结语言学习的规律，培养自身的自主学习意识。

（3）提高学生的语言运用能力

任务型教学模式主要以任务为中心，在具体实施过程中，教师会设置形式多样的教学任务，这样有利于学生在不同的任务中综合运用已学习的语言，提高语言运用能力与交际能力。

（4）培养学生的合作意识

任务型教学模式不仅注重任务的多样性，还注重学生的互动性。学生为了更好地完成任务，就会积极参与到小组讨论中，与其他成员进行互动，这样有利于培养学生的合作意识。同时，在互动的过程中，学生不仅可以表达自己的观点，还可以从他人观点中获得启发，这有利于学生意识到团队合作的重要性，进而增强合作意识。

## 三、任务型教学模式在大学英语教学中的实施

### （一）大学英语任务型教学模式的实施步骤

1. 任务前的实施步骤

任务前阶段是大学英语任务型教学模式实施的前提。任务的准备与

呈现都是任务前阶段的实施步骤。任务前阶段是任务型教学模式不可缺少的阶段，其主要作用主要包括两个方面：一方面是通过任务前的准备工作和呈现工作来激活学生的已有知识体系和思维，使学生能够在已有知识体系的基础上构建多元化的语言体系；另一方面是为任务的实施做准备，使学生能够积极主动地学习，积累丰富的知识，为任务的完成奠定基础。

(1) 任务的准备

在任务的准备阶段，学生要积极地参与到任务中，通过多种手段获取信息并对信息进行相应的处理，同时，还要对这些信息内容进行表达，从而提高自身的语言技能和表达能力。具体到大学英语教学中，教师在任务准备阶段，还应该注意英语输入的真实性以及英语任务设置的难易程度。只有英语输入真实、英语任务难易适中，才能使学生更好地为英语任务的下一阶段做好准备。

(2) 任务的呈现

任务的呈现，简单理解就是教师向学生介绍需要完成的任务。同时，强调完成这一任务需要学生利用新的语言知识。除此之外，教师还应该根据学生的具体学习情况，为学生创造真实的情境，从而调动学生学习语言的积极性。

### 2. 任务中的实施步骤

任务中阶段对学生的语言习得起着至关重要的作用。在任务中阶段，教师应该结合学生的实际学习情况，合理选择任务，避免任务的难度过高或过低。

在任务实施过程中，学生为了更好地完成任务，可以采取多种方式，如小组形式、辩论形式、自由组合形式等。在大学英语任务型教学模式中，小组活动的形式比较受欢迎。在小组活动设计中，设计者要明确小组任务与个人任务并不是孤立存在的，而是相互促进的，同时要明确师生之间的关系与角色转变。在小组活动开展过程中，教师要及时对学生进行指导，从而促进教学目标的实现。

除此之外，教师可以与学生积极互动，甚至主动加入小组活动中，与学生共同参与任务、共同学习、共同讨论，从而形成平等、和谐的师生关系。同时，教师还可以及时了解学生完成任务的情况和对知识的掌握情况，并以此为依据，及时调整教学方式，从而促进任务的高效完成。

3. 任务后的实施步骤

任务前、中阶段结束之后，就进入任务后阶段。这一阶段的实施主要包括对任务的汇报和评价。经过任务的实施后，小组内可以选取代表在课堂上进行发言，总结和汇报本组内任务完成的具体情况。在这一过程中，教师主要扮演着指导者的角色。

小组代表汇报完之后，教师应该对每个小组任务完成的情况进行评价。教师不仅要指出小组完成任务的优点，还要指出小组完成任务的不足。同时，教师应该给予优秀小组一定的奖励。另外，在任务评价过程中，教师不仅要科学、公平地对每个小组进行评价，还要鼓励学生互评，这样有利于学生正确认识自己，客观评价他人。

### （二）大学英语任务型教学模式的实施路径

1. 严格遵循教学大纲

教学大纲在大学英语任务型教学模式实施中发挥着不可替代的作用。因此，教师在实施这一模式时，要以教学大纲为中心展开教学。下面对任务型教学大纲进行简要分析。

（1）教学过程具体明确。

（2）教学原则清晰明了。

（3）教学中任务的选择要有一定的倾向性。

（4）任务的设计和难度要具体分析。

（5）任务的结果要进行评价。

（6）教学中教师的语言要达到意义与形式的平衡。

（7）教学和学生在任务型教学中的角色要明确。

(8) 学生在任务教学中要有交流的机会。

(9) 任务型教材的编写与使用要和当地具体实际相结合。

(10) 教学过程中交际策略的使用、任务设计的动机、任务的目标和任务处理要在教学大纲中具体明确。

在教学大纲中具体阐述上述内容，能够为英语教师指明方向，从而使任务的实施更具系统性，同时也保证了英语教学实施过程的科学性和可操作性。

### 2. 合理设计教学任务

为了提高教学任务的可行性和可操作性，教师需要注意以下几点。

(1) 任务在设计时应该注意其操作性，不能脱离具体的教学条件。

(2) 教学活动要具有多样性，这样才能保证各种类型的学生的需求都能得到满足，也能满足学生自主选择学习内容的需要。

(3) 任务的设计要具有层次性，也就是说任务要有不同的难度等级。这是为了满足不同学习层次的学生要求，进而提高学生的创造力、审美力以及协作能力。

(4) 当学生完成相应的任务时，教师应从学生的完成情况看出学生的具体学习水平。

(5) 任务型英语教学并不是将任务局限在课堂英语教学中，学生也可以在课内外对任务进行研究。

总而言之，设计的任务活动要突出趣味性、可操作性、科学性、交际性、拓展性、真实性、整体性和层次性，这有利于培养学生的创造性思维，有利于提高学生综合运用英语的能力。

### 3. 掌握任务型教材

众所周知，教学理念的实现需要相应的教材作为依托，任务型英语教学法也是如此。任务型英语教学的教材应该具有以下几个特点。

(1) 教材的设计要以任务为核心

任务型英语教学就是在完成任务的过程中让学生自然地使用所学语

言，使其在使用所学语言的过程中提高语言表达能力。因此，任务型英语教材不应该直接地呈现各种语言知识和素材，而应该设计各种不同的任务来提高学生的英语习得水平。

(2) 任务型教材中出现的语言材料应力求真实

真实的材料包括生活中经常出现的语言素材，如报纸、杂志、广告、公告、通知、产品说明书、操作指令、书信等。需要注意的是，这些真实性的材料是用于公众交际的，并不是专门为了教材的编写而设计的。若是为了教学专门设计语言材料，必然会丧失其真实性。

(3) 教材中要突出真实的交际目的

根据任务型英语教学思想编写的教材，无论其设计何种类型的任务，都要突出交际的真实性。所谓交际的真实性，就是指学生完成的交际活动具有真实的交际需求、真实的交际语境和真实的交际对象。

4. 与课外教学相结合

在利用任务型教学法进行英语教学时，教师不能仅仅将课堂作为任务完成的场所，而应该开放思维，将教学任务延伸到课堂教学之外的生活中。这就是说，教师应该充分利用课外教学辅助任务教学。

需要注意的是，利用课外教学进行任务教学并不是将学生的学习时间延长，而是要教会学生在日常生活中运用英语知识，进而达到巩固知识的目的。课外英语教学可以通过以下几种方式进行。

(1) 布置一些学生感兴趣的课外作业

学生的课外生活应该是丰富多彩、充满乐趣的，因此教师可以设计一些调动学生兴趣的课外活动和作业让学生在课下完成。通过课外英语教学，学生学习的主动性和积极性会得到提高，同时学生独立完成任务的能力也会得到锻炼。

(2) 开展多样的课外活动

学生的英语课外活动主要包括以下几种类型。

①英语竞赛。在大学的不同阶段，教师可以组织学生参加丰富多彩

的英语竞赛活动，如英语单词竞赛、英语作文竞赛等。

②英语表演。英语表演活动使学生可以在一种互帮互助的环境下进行语言的学习，对学生语言表达能力、团队协作能力的提高有积极的促进作用。

③英语角。英语角的开办能够为英语学习爱好者提供一个互相学习的基地，使学生乐于用英语表达和沟通。

## 第二节　互动式教学法

### 一、互动式教学的基础理论

#### （一）互动式教学的内涵

互动这一概念源自社会心理学，是人与人之间进行情感交流的过程，它可以是两个人之间的交流，也可以是多人之间的交流，交流的信息可以对交流的所有方产生影响。还需要注意的是，互动要求双方一定要就大家都感兴趣的主题进行，否则互动的效果可能不会太好。

英语教学经过了较长的发展时间，已经形成了相对完善的理论体系，当前，比较受到大家推崇的一个教学理论就是交际英语教学理论，该理论的核心强调的是交际能力的培养必须具备“互动”这一性质。如果对交际进行深层次内涵的挖掘就会发现，其关键就是在于互动，且互动还能将交际的内容全都展现出来。

在英语教学中也存在互动，并且有些学者在总结英语教学互动经验的基础上提出了英语互动式教学这一概念。英语互动式教学是一种不仅重视教师与学生之间的互动，而且重视学生与学生之间的互动、学生与教学中介的互动的新的教学方法，该方法能够在很大程度上推动英语教学的进程，增强英语教学的效果。在运用这一教学方法时，教师要尊重不同学生的个体差异，要在分析学生性格与学生特点的基础上，为其创设一个良好的教学环境，引导学生自觉对问题进行探究，从而使其可以进行自主学习活动，并不断培养自己的个性。

英语互动式教学将教学活动与学习活动结合起来，实现了二者的统一，教师与学生的界限被模糊了，二者既互为主体，也互为客体。基于此，教师与学生之间所进行的互动与交流都是一种良性的互动，在教师利用必要的教学方法的组织与引导下，学生不仅能够掌握英语理论知识，还能掌握不少文化知识，发展自己的智力，陶冶自己的情操。教学是教师与学生的双向互动过程，要想取得不错的教学效果，二者缺一不可，也就是说，既要调动教师教学的积极性，也要调动学生学习的积极性。

与传统英语教学方法相比，这一教学方法最显著的差异体现在“动”字上，体现在“动”的对象与程度上。传统英语教学也有“动”，只不过在传统英语课堂上，教师是“动”的一方，将所有知识全都灌输给学生，而学生相对处于“静”的状态中，只能被动地接受教师所传授的知识。但互动式教学将这种“动”的状态彻底打破了，实现了教师与学生之间的良性互动。

将互动式教学融入英语教学中，主要可以发挥出三方面的作用：第一，能提高英语教学的质量，能培养学生的综合应用能力；第二，丰富了英语教学研究的内容体系；第三，它是对英语教学方法体系的有效补充，更重要的是，英语教师在实际教学中可以运用这一方法，帮助教师拉近了与学生之间的情感距离。

### （二）互动式教学的特点

#### 1. 明确的目的性

英语互动式教学的实施是以社会语言学为理论基础的，也就是说，语言虽然是用来进行学习活动的工具，但是这并不意味着语言就是所有学习的重点。人们进行外语学习，主要的目的就是满足两种主要的社会活动需要，一种是借助其他语言完成某项社会任务的需要，另一种是利用本族语言无法获得自己想要的信息的需要。从这方面来说，我们也不能将英语教学的目的单纯地看作是应付考试，因此，在英语教学中，教师必须清楚地认识到词汇、语法、阅读等基础教学固然重要，但学生英语综合应用能力的培养更加重要。学生只有具备较高的英语应用能力，才能更好地完成社会任务。

2. 过程的互动性

这里的互动性是指在英语教学过程中，存在于教师与学生之间的互动层面是多方面的，既包括身体与心理的互动，也包括情感等其他更深层的互动。

英语互动式课堂往往充满着大量的信息，这导致学生需要花费比以往更多的时间来操练英语，这种情形之下，教师讲话的时间自然也就减少了。这时教师在英语课堂上的角色也发生了明显的变化，过去教师的“主导”地位逐渐转变为“从旁指导”。在具体的教学过程中，教师可以为学生创设语言交际情境。语言交际情境要比教师直接讲授的效果更好一些。教师可利用多媒体设备，直观教具等为学生创设情境，再加上生动的语言、动作，就能最大程度上吸引学生的注意力，让他们全身心地投入英语学习中。当学生参与情境活动时，教师并不是一个“看客”，当学生在情境中遇到问题时，教师就可以跟学生进行交流互动，了解学生的问题所在，提出相关建议，在教师的建议反馈中，学生能认识到自己的不足，找到解决问题的方法。

3. 组织形式的多样性

(1) 真实情境——真实的语言交际环境

教师可以鼓励学生到一些外国游客喜欢去的旅游景点担任义务导游，他们不仅能借此机会与外国游客用英语进行交流，还能宣传中华优秀传统文化。此外，教师还可以邀请一些外国教师给学生上课，或者是举办一些以英语为主题的晚会，既让学生放松了身心，也有助于其英语口语能力的提高。在真情实感的情境中，教师与学生能更好地互动，学生与学生之间也能增进了解，更重要的是，学生会发现，英语学习其实

并不难，这样就能增强其学习英语的自信心。

（2）模拟的语言交际情境

除了向学生提供一些自然情境之外，教师还可以通过一些方法为学生创设模拟情境。现在是信息社会，以信息技术为支撑的多媒体设备已经开始走进课堂，教师可以利用多媒体设备为学生创设直观模拟情境，给予学生强烈的感官刺激，让学生通过真实的英语对话音频、视频提升自己的英语能力。

此外，教师还可以让学生进行角色扮演活动。这是一种十分有趣的教学形式，在角色扮演的过程中，学生会思考角色的性格特征，因而在用英语表达时他们往往会考虑词汇、语法的应用问题，这样学生的英语应用能力就能得以提高。

4. 内容的广泛性

传统英语课堂的互动性明显不足，教师是课堂的绝对权威，学生几乎没有什么话语权，而英语互动式教学则彻底颠覆了这一情况，教师不再是课堂的唯一“主角”，在师生的频繁互动中，教师与学生都成为课堂的“主角”，他们在课堂上交流信息，共同进步。

教师在进行英语教学内容设计时，不能将内容局限于教材范围之内，因为对于有些学生来说教材上的知识过于浅显，他们需要更有难度的知识，这时教师就需要加大输入量，不断拓展教学内容的范围。但是需要明确的是，教师向学生输入的大量新知识必须有一定的度，必须在学生可承受、可理解的范围内进行，一旦内容过于难，就有可能打击学生学习英语的自信心。

5. 方法的灵活性

英语互动式教学有许多的方法可以选择，这是因为其不仅以交际教学为理论基础，还融合了其他一些比较优秀的教学流派的经验。例如，在自然法教学流派看来，对学生的语言输入要适当，要控制在合理的范围之内，因此，教师的教学设计不能全凭主观意识，要考虑学生的实际需求与教学的情况。

总而言之，在具体的英语教学中，采用什么样的方法，侧重什么内容，教师则可以根据课堂实际情况进行选择。

### （三）互动式教学的理论基础

#### 1. 社会建构主义理论

社会建构主义理论的建立是以皮亚杰认知发展理论为基础的，因此它的研究重点放在了个体认知的发展上。社会建构主义深入探究了知识的建构问题，认为知识的建构并不只是可以在物理环境中完成，社会环境对知识建构的影响同样重要，甚至在某种程度上说，社会环境要比物理环境更重要一些。

下面简要分析一些社会环境对知识建构的影响。需要指出的是，每个学生都具有不同的特点，他们拥有不同的经验世界，因而在发现、分析、解决问题的过程中，他们所选择的方法是不同的，而正是由于方法的不同，他们才可以共同合作，在讨论中找到更多解决问题的方法，这样学生的知识结构体系也会变得更加丰富。此外，社会环境中也有一群能对学生产生影响的人，如教师、学科专家等。教师利用他们的教学经验指导学生的学习，学科专家利用他们的研究成果影响学生的知识建构。

社会建构主义将知识看作一种社会建构，主要的理由是：语言是知识的基础，而从本质上来看，语言就是一种社会的建构，而与语言关系密切的知识也就同样也可以看作一种社会建构。人类的知识在形成之初具有主观性，而当人类文明发展到一定程度之后，人类知识逐渐演变为社会大众可接受的客观知识，这种转变正是在社会交往中实现的，所以说知识建构应该是具有社会属性的。

互动式教学的形成与维果茨基的心理发展理论有关，具体来说，该理论主要有两点为互动式教学所借鉴：第一，语言基本功能是一种社会性功能，它主要是为人们的交际提供服务；第二，从社会层面上来看，语言读写教学是一种符号中介活动，它处于整个社会中介活动之中。因此，在英语互动式读写教学中，教师发挥了重要作用，他是一种媒介，将自己的社会性角色融入教学中，对学生进行不只语言知识层面的教学，也向学生传递人际交往的维系、社会责任感的确立等其他一些社会性知识。这时，枯燥的理论教学将不再被局限于教材文本之上，社会性的交互作用将在英语课堂上显现出来。需要指出的是，教师在课堂上发挥的中介作用还应该最大限度地在师生互动中体现出来，一方面培养学生的英语学习思维，另一方面给予学生学习与生活上的支持，无论学生是在学习上遇到了困难，还是对生活产生了困惑，教师都需要及时帮助学生解决。这种交互已经超出了普通语言教学的范围，但它明显具有更现实的意义，有助于将学生培养成全面发展的优秀人才。

### 2. 英语学习规律

#### (1) 量变到质变的原则

这一原则表明，学习是一个过程，不可能一蹴而就，必然要先有一定量知识的积累，才能最后实现语言水平的提高，真正掌握某种语言。

英语学习过程同样漫长，学生想要一下子就掌握这门语言是不现实的，在这之前学生必须先对英语语音、词汇、语法等基础知识有明确的认知，扎实掌握这些基础知识是进行后续语言训练的前提。尤其是对于英语听力、口语技能来说，这两项语言技能都需要大量的练习做支撑，如果学生无法保证练习的次数与时间，那么其就很难提高自己的英语水平，英语学习所谓的由量变到质变的过程也就无法实现了。

#### (2) 内因与外因的原则

事物的发展受到内因与外因的影响，从根本上来说，真正决定事物发展的原因是内因，它不仅决定着事物发展的性质，还决定着事物发展的方向，而外因则是事物发展变化所要依凭的条件。内因与外因相互作用，共同推动事物的发展，二者联系密切，外因作用的发挥必须依靠内因来完成。学生英语学习也会受到内因与外因的影响。内因就是指学生自身所具备的知识、能力、性格等，这些因素从根本上决定了学生学习英语能否成功。

外因指的是教师的教学水平、教学方法、大学提供的教学设备等，这些因素对学生的英语学习产生了不小的影响，但是并不是决定性影响，学生的学习活动终究还是要靠学生自己。可见，内因才是决定学生英语学习成功的关键。

从上面的分析可以知道，学生的英语学习一定要出于自愿，学生只有愿意学习，并且不断付出努力，才能实现自己的学习目标。英语教师在学生英语学习的过程中扮演的是一个辅助性角色，为学生提供良好的学习环境、科学的学习方法、丰富的学习内容，侧面促进学生英语学习成绩的提高。

（3）个别差异的原则

学生都是一个个独特的个体，他们的成长环境不同，看待问题的角度、解决问题的方法也就不同，因此，在英语教学中，教师不能将所有学生一概而论，而是要正视学生之间的差异，灵活教学。

首先，教师需要承认英语教学中确实存在个体差异这一问题。著名的心理学家皮亚杰就在进行大量实验的基础上总结了导致学习结果的原因，一个是遗传，另一个则是后天环境，二者对学习的影响同样重要，任何一方受到损伤，学生都不会获得预期的学习效果。每个学生从父母那里所获得的遗传不同，学习经历也不同，这让他们形成了属于自己的独特的学习风格与学习方式。鉴于此，教师在教学中必须考虑学生的学习差异问题，要因材施教。

其次，教师不能片面评价学生，学生身上所具有的一方面的能力不应该成为教师评价学生的唯一标准。美国心理学家加德纳曾经对人的能力问题进行探究，经过分析，他发现人本身具有很多能力，且这些能力在人发展过程中表现的程度并不相同，这就让我们看见某一个人他们的某方面能力强，某方面能力弱，也正是因为这样，所有个体才会存在显著的差异。这给英语教师以启示，其不应该因为看到学生某一方面的能力，就将这种能力作为评价学生的唯一标准，而是要全面地看到学生，既要看到学生身上的闪光点，也要看到学生在某些能力上的不足。

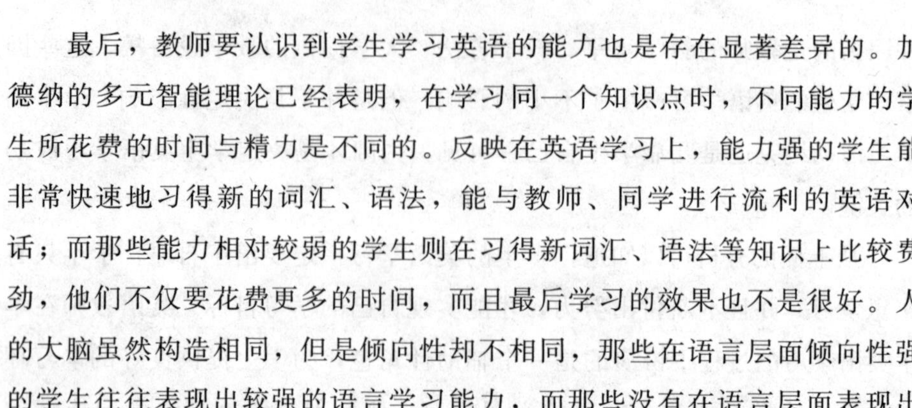

最后，教师要认识到学生学习英语的能力也是存在显著差异的。加德纳的多元智能理论已经表明，在学习同一个知识点时，不同能力的学生所花费的时间与精力是不同的。反映在英语学习上，能力强的学生能非常快速地习得新的词汇、语法，能与教师、同学进行流利的英语对话；而那些能力相对较弱的学生则在习得新词汇、语法等知识上比较费劲，他们不仅要花费更多的时间，而且最后学习的效果也不是很好。人的大脑虽然构造相同，但是倾向性却不相同，那些在语言层面倾向性强的学生往往表现出较强的语言学习能力，而那些没有在语言层面表现出倾向性的学生通常不具备较强的语言学习能力，因而他们在进行语言学习时非常困难。这就要求教师要关注学生差异，对于学习能力强的学生，可以让他们学习一些有难度的知识，而那些学习能力相对较弱的学生可以让他们熟悉掌握基础知识。

（4）认识与情感相互渗透原则

在英语教学活动中，教师与学生教育关系的维系离不开双方共同的心理活动，这种心理活动主要表现为师生间的认识与情感交流。因此，对于英语教师来说，他们不能总是将心思放在教学上，还应该多多关注学生的心理变化，揣摩学生的学习心理，当他们因为学习而产生受挫心理时，教师就需要及时给予其适当的鼓励。

英语知识是抽象的事物，因此学生学起来可能会比较晦涩，因为对于学生来说，他们更愿意接受那些有情感、有趣的事物。教师必须认识到这一点，在教学中尽量用学生喜欢的教学方法进行教学，将普遍抽象的理论知识具象化，并融入一些情感因素，这样就能培养学生学习英语的兴趣，激发其学习积极性。

## 二、大学英语互动式教学的实施

### （一）大学英语互动教学法的操作程序

1. 营造语境

在传统英语课堂上，教师的主要任务就是将教材上的知识全都传授给学生，教师虽然尽可能地将课堂时间实现了最大化的利用，但是学生在课堂上的参与感并不强，其始终无法真正提起对英语学习的兴趣，那么教师应该采取怎样的方法培养学生的学习兴趣，就变得非常重要。

教师应根据教学目标与教学内容的要求为学生创设一个良好的求知情境。通过情境反映问题将会使问题变得更加生动，在情境中学生可以进行角色扮演，角色扮演的过程就是学生与学生进行互动交流的过程，学生在互动中不断培养自己的英语思维。

此外，情境并不仅仅包括学生与学生之间互动，也包括教师与学生之间的互动。教师主要的作用就是引导学生的学习思路，使学生产生一定要达成目标的心理倾向，从而激发其自觉主动学习的欲望。

2. 自主学习

在传统英语课堂上，学生与教师地位悬殊，教师主导着课堂的一切，学生只是被动地接受教师传授的知识，也就是说，在学习上，学生并没有展现出较强的主动性。而学习毕竟是以学生为主的任务，教师只能从旁协助。而在互动式教学中，培养学生的自主学习能力是其必要的环节之一，互动式教学认为，教师应该给学生留下足够的学习时间，多给予学生学习的自由，让学生自主去思考，探究问题。

学生自主进行探究，是对新知识与旧知识的整合，是对英语学科知识与其他学科知识的整合，通过不同知识间的认知冲突与矛盾，学生可以获得从不同角度看待问题的能力，从而使其能够真正独立自主地完成学习活动。但是，需要注意的一点是，在学生进行自主学习的过程中，教师应该鼓励学生表达自己的观点，即使学生的观点有误，教师也不应该立即阻止他们，而是要待观点表达完毕之后，才可以去纠正学生的错误。这样做的目的是保持学生思路的连贯性，维护学生的自信心与自尊心。

3. 合作学习

学生自主学习过程中蕴含着教师与学生的互动，而在合作学习中则蕴含着学生与学生之间的互动。学生个体自主学习有时并不能满足学生的学习需求，因此，教师可以对学生进行分组，使其以小组的形式实现合作学习。合作学习的实现基础是学生的自主学习，每一个学生的自主学习共同构成了合作学习，可以说，合作学习是一种主要存在于学生之间的互动活动。具体来说，教师需要先分析学生的学习情况，然后制定讨论的主题，明确讨论的要求，最后让学生以小组为单位进行讨论。当然，讨论必然是各自发表观点的过程，在这一过程中，有问题的学生提出问题，能解答的学生给予解答，在一问一答的互动交流中，问题也就自然而然解决了。需要强调的是，学生与学生的互动并不是合作学习过程中存在的唯一互动形式，教师与学生的互动也存在其中。学生在组内讨论过程中肯定会遇到一些问题，当学生无法解决时，教师就可以主动参与其中，向学生提供思路与建议，这是对学生的一种启发与引导，通过教师的引导，学生可以更好地完成小组任务。

在小组讨论完毕之后，各组就需要向全班展示自己的成果。当然，小组讨论的成果有突出的，就会有一般的，教师要一视同仁。对于能力不强的小组，教师要给予其鼓励，而对于能力强的小组，教师要肯定他们的成果。此外，教师还可以让强组与弱组结对子，让两组一起就讨论的成果进行交流。能力强的小组在展示自己成果的过程中能够体会到成功的喜悦，因而更加愿意参与小组探究活动，而能力弱的小组则可以从能力强的小组中学得探究的方法，这非常有助于其不断保持学习的热情。

总之，小组合作学习让学生与学生之间的频繁互动成为可能，每一位学生都可以在课堂上发表自己的看法，学生彼此之间都可以交换想法，分享信息。在这一过程中，学生的语言知识体系将会变得更加丰富，人际交往能力将会有所提高，更重要的是，他们也会增强学习英语的自信心。

#### 4. 点评归纳

传统英语教学评价的主体是教师，学生在教学评价中的存在感较弱。而在互动式教学中，教师不再是教学评价的唯一主体，学生也可以参与其中，并且作用非常突出。在各组完成成果展示之后，就需要对各组成果进行点评，点评的手段并不局限于教师评价，学生自评与师生互评也是主要的评价形式。多样的评价手段能够帮助教师全面掌握学生的学习情况，进而分析学生在哪些知识点上存在问题，基于此，教师就能对自己的教学计划、内容、方法等做出相应调整。可见，评价的过程也是教师不断反思自己，实现教学优化的过程。

这一环节也包括师生互动与生生互动两种互动形式，无论是哪种互动，目的都是让学生可以进行独立思考，在探究问题的过程中培养学习英语的兴趣。在经过教师与同伴的评价之后，学生能迅速意识到自己在学习上的不足，进而主动查缺补漏，同时也能清楚自己的优势，并不断强化这种优势。

5. 延伸拓展

在传统英语教学中，教师开展教学活动的主要依据是教材，教学内容也多半为书本上的知识，甚至学生课下需要完成的作业也都是课本上每个单元的课后题，这让学生的学习活动始终围绕着教材进行。很明显，这种情况很容易使学生提不起对英语学习的兴趣。英语互动式教学很好地改变了这一现状，它进一步拓展了学生的学习范围，学生可以在课下借助其他先进的学习工具完成知识的拓展与更新。

教师需要明白的是，对学生进行知识的拓展并不是其主要的任务，其首先应该要做的是将教材上的知识全都传授给学生，之后，若课堂上还有剩余的时间，教师就可以向学生传授一些拓展知识，同时布置一些拓展任务。比如，当讲到课本上的某一个知识点时，教师可以提出一些与之相关的延伸性问题让学生讨论，在讨论的过程中学生就能了解到更多新知识，同时也能对旧知识进行及时巩固，最重要的是，这种讨论能够发散学生的思维，培养其创造力。

教室的空间有限，有些教学活动无法展开，例如有一些规模的情境活动就无法在教室中组织，这时教师就可以考虑适当组织一些课外活动。课外活动能让学生拥有更大的活动空间，想问题也更加自由。当然，这并不意味着课外活动要比课堂活动更有意义，两种活动侧重点不同，最好的方法就是将课堂活动与课外活动结合起来，这样学生既能在课堂上学习到一些应该掌握的基础理论知识，也可以在课堂之外充分地发散自己的思维。两种活动相结合是一种比较新颖的教学形式，在具体实施过程中，教师要灵活一些，适当分配两种活动的课时。

在这一环节中，不仅有大家熟悉的学生互动，还包括学生与英文文本之间的互动，多样的互动形式极大地拓展了学生学习的范围，更重要的是，通过互动，学生能够收获更多其他科学的学习方法，提高自己的学习效率，并最终激发自己的学习积极性。不过，需要注意的是，这一环节并不是固定不变的，它具有一定的逻辑性，围绕着某种逻辑与规律不断变化，所以教师在拓展教学内容时一定要遵循互动的法则，保持适当的度。

## （二）大学英语互动教学法的师生角色

### 1. 教师角色

（1）引导者

教师在英语互动式教学中扮演着引导者的角色，教师既要引导学生解决问题，又要鼓励学生大胆表达自己的想法。

（2）组织者

英语教学有效性的实现需要教师具备绝佳的组织能力。只有教师将英语课堂组织得当，学生才能享受英语学习。而究竟组织什么样的活动，用什么样的方式组织活动，这就需要教师对学生的学习需求进行分析，了解了学生的具体需求，组织的活动才能为学生所喜欢、接受，教学的良好效果才能实现。

（3）促进者

在英语互动式教学中，教师有着另一个角色——促进者，其促进作用主要体现在三个方面：第一，教师鼓励学生参与教学活动，积极与教师进行互动交流；第二，教师帮助学生找到学习上的不足，帮助其解决问题；第三，教师为学生创设教学情境，为其提供口语训练的机会。

(4) 参与者

教师是教学活动的参与者，同时也是学生学习活动的参与者。在学生进行学习讨论的过程中，教师不能置身事外，而应参与其中，帮助学生发现问题、解决问题。教师的积极参与一方面可以让学生的学习变得更加高效，另一方面也进一步拉近了师生之间的距离。

2. 学生角色

(1) 知识的主动建构者

在建构主义理论看来，学习不是一个被动的过程，而是一个学生主动探究的过程。学生利用一切可以利用的学习资源进行学习，从而能够了解系统的知识架构。在英语互动式教学中，虽然教师可以适当地给予学生必要的指导，但是教师应该清楚学习本身就是一个学生自主进行知识建构的过程，教师不应过多干涉。学生应该努力培养自己的自主学习能力，主动对问题进行思考与探索，对自己的学习不足进行反思，这样才能最终完成知识的主动全面建构。

(2) 活动的平等参与者

传统英语教学比较忽视学生主观能动性的发挥，而在英语互动式教学中，教师重视学生的主观能动性，学生也愿意将其发挥出来。学生应积极参与教学活动，与教师、学生进行良好互动，同时也要参与评价活动。学生评价将有利于教师把握自己的教学节奏与内容。

## 三、互动式教学在大学英语教学中的具体应用

### (一) 互动式教学在大学英语阅读教学中的应用

1. 大学英语阅读互动式教学的基本原则

(1) 促进学生参与教学过程

在传统英语阅读课堂中，教师是主动的一方，学生处于一种被动的地位，他们只能被动地接受教师传递的知识。而且，学生在课堂上所学习的知识并不是由他们选择的，都是由英语教师事先选定的，这就导致

一些知识并不为学生所喜欢，他们也就无法真正提起对英语阅读学习的兴趣，英语阅读教学的目标也因此无法实现。

大学生的学习行为多受兴趣的引导，但是大学生的兴趣又具有一定的不稳定性，这就使许多学生在失去兴趣之后就不愿学习英语阅读知识了。学生如果没有强烈的学习欲望，那么他们就无法真正产生积极的学习行为。因此，英语教师要对英语阅读教学活动有清晰的认知与定位，不能仅仅将这项活动看作是一种单纯的教学活动，而是将其看作一种具有特殊意义的交往活动，该活动将人的肢体动作与情感联系起来，既要求学生动口、动手，也要求其动情、动思。这就要求教师在英语阅读教学中要有所作为，要采取一些比较有效的方法激发学生的学习兴趣，最好能通过创设情境的方法让学生的身体与情感都融入其中，这样既让学生体会到了阅读的乐趣，也进一步加强了师生互动。

（2）引导学生构建自己的知识体系

互动式教学并不要求学生全面掌握所有的固有知识，而是要让学生在学习知识的过程中能够做到新旧知识的融合，认识知识产生、发展的过程。在这一过程中，学生的学习活动将变得有意义，同时，学生也可以培养自己分析、解决问题的能力，获得不错的学习情感体验。不过，需要明确的一点是，大多数大学生虽已成年，但这并不意味着他们已经具备了非常丰富的知识学习经验，与教师相比，他们还是“新手”，因此，教师需要为学生架起一座可以连接新知识与旧知识的桥梁。具体来说，教师在讲解新知识的过程中一旦遇到与旧知识相关的内容时，就可以向学生提问，以引发他们对旧知识的思考，同时也起到巩固旧知识的作用。

（3）及时反馈纠正，督促学生进步

集体教学必须依靠每一个学生的反馈，反馈不仅能在一定程度上提高教学的质量，还能较大地提高教学的效率。此外，持续性的反馈过程同时也是师生一次次互动的过程，在这一过程中，教师了解了学生的学习需求，学生也了解了教师的教学计划。

### 2. 大学英语阅读互动式教学的实施策略

(1) 教师与英文文本进行互动

由于长期受应试教育的影响，教师在选择英语阅读材料时习惯性维护“英文文本权威”，同时，学生也受教师的影响，唯英文文本“独尊”。教师总是千方百计地想着搜集各种阅读材料，然后根据自己的想法对材料进行分析，引导学生按照自己的教学思路进行阅读学习活动，这让英语阅读教学的生动性大大减少，教师只是在给学生提供标准答案，学生并未获得多少思考的机会。

现代阅读观与传统英语阅读理念并不相同，在它看来，阅读始终是一个动态的过程，它是读者与英文文本之间相互作用、建构意义的过程。这其实也在表明，阅读并不是一项被动的活动，它是读者的主动活动，因此，学生在进行英语阅读时，也应该积极地多与教师、英语文本互动。同时，教师也应该转变教学观念，多增加与英语文本的互动，对文本进行深入解析，以满足学生的阅读需求。

对于英语阅读教师来说，他们在进行英语阅读教学之前，应该对英文文本有自己的理解。也就是说，教师的一切教学活动可以以英文文本为依据，但是要从实际情况出发，要有选择地将文本内容教授给学生，与英文文本进行高效的互动，一切以英文文本为出发点的想法与行为都是片面的。

在整个英语阅读教学中，教师的角色非常重要，他可以是阅读活动的先行者，同时也可以是教学活动的整个设计与策划者。从这个层面出发，教师与英文文本的互动有不一样的内涵，主要有以下几点。

①教师要尽量将英文文本吃透，同时在这一过程中还要开发文本。教师只有对英文文本的所有内容都进行深刻理解，才能将其转化成自己的知识体系，才能在以后顺畅地与英文文本、学生互动。

②教师还需要能够对英文文本进行适当的加工。需要清楚的是，英文文本的编写是一个主观过程，不可能尽善尽美，总是会存在一些不

足。从当前英文文本的使用情况来看，这些文本使用的时间都比较长，没有与时代的发展相适应，很明显，这种停滞更新的文本是无法激起学生的学习兴趣的，更不能让学生与文本达成良好的互动。所以这对英语教师提出了比较高的要求，要求教师可以根据学生的实际需求选择英文文本。需要指出的是，英语阅读教学已经在选择英文文本方面有了很大的改善，但是，出于人力、成本等方面的考虑，英语教材是不可能做到每年更新的，因此，英语教师就必须在英语阅读教学过程中弥补这一方面的不足，能够在备课时就对文本进行必要的更新。

③教师不能唯英文文本“独尊”，而是要具有敢于质疑文本编写者的勇气与能力，这样才能促使文本的不断完善。英文文本应该是与时俱进的，应该是能够满足学生学习需求的。教师是最了解学生的，所以他们可以总结学生的意见对英文文本的编写提出相关建议，这样就能使文本变得更加科学。英文教材现在也在面临改革，改革者必须学会倾听英语教师的意见，积极鼓励英语教师参与到教材的编写工作中来。就是在英语教师与英语文本的互动中，英语教材的编写工作变得更加顺畅、科学，同时教师的英语阅读教学也变得更加轻松。

（2）学生与英文文本进行互动

二者之间的互动能够最大限度地将自主学习的理念展现出来。学生是一切学习活动的主人，英语阅读活动也不例外，他们只有自己主动地参与阅读活动，才能真正学会阅读。这就要求教师在教学过程中要积极引导学生参与阅读实践，加强学生与文本之间的互动，让学生在阅读过程中体会文本作者的思想。在传统英语阅读教学过程中，学生的主要任务就是阅读，在阅读过程中，他们并没有能够对文本做出自己独有的分析，其自主学习能力也没有获得培养。而学生阅读能力的培养是需要在其与英文文本的互动中实现的，可见，学生与文本的互动是非常有必要的，而且是非常重要的，无论是教师，还是学生，都不能忽视这一点。

①鼓励学生提出自己的见解

现代学生通过互联网可以接触到更多的知识，更多的人，他们的思想更加开放，生活更具有独立性，更希望在学校与家庭中获得更多的自主权。这种意识映射到学生的学习活动中，改变了他们的学习方式，当前，自主、合作、探究的学习方式是其追求的主要方式。不过，在学习的过程中，他们不可避免地都会受到原有知识体系的影响，久而久之，学生就会形成一种学习的惯性心理，该心理让学生的学习停滞不前，无法将其创造性思维发展开来，从而使其学习活动变得更加死板。从这一实际问题出发，英语教师要摆脱文本束缚，分析学生学习的实际，用更加灵活的方法引导学生发散自己的思维。

让学生发散自己的思维，教师可以在课堂上多组织学生对某一问题进行辩论，在辩论中，学生可以提出自己对问题的看法，从而让不同的观点、信息可以在互动交流中生成，这可以帮助学生摆脱僵化思维的束缚，使其更愿意参与英语阅读活动。教师需要清楚的是，英语阅读教学不是一个简单的认知活动，更是一个促进学生发展的活动，学生在进行阅读教学的过程中，不断获得新的生命体验，不断发展。

②鼓励学生开展心灵上的互动

阅读教学不应该是教师一人单独的活动，学生的阅读行为也是阅读教学的一部分，因此，学生也应该积极参与到阅读教学中来。教师在教学过程中要以积极的情感引导学生，让学生能够对英文文本加深理解，感悟文本作者的思想。此外，学生对文本的解读方式绝对不能固定，应该是多元化的，学生要学会在对文本解读的“入”与“出”中提高自己的英语水平。“入”就是要求学生能进一步贴近文本，能在对文本熟悉的基础上了解文本的深层次内涵，意识到文本的主旨，并最终做到与文本的良好沟通。当前，英语教材中所选择的诸多文本都是编写者进行诸多考虑的结果，也大都做到了文质兼美，文本的质量得以保证。教师要帮助学生挖掘文本的价值，在学生与文本中间架起沟通的桥梁，使学生可以更加高效、顺畅地解读文本。“出”就是要求学生能将在文本中学到的英语知识进行转化，在后续的英语学习中能灵活使用它们。英语阅读学习与其他英语学习都是相通的，从英语阅读中学到的知识在任何其他英语学习环节中都可以实现转化。

（3）教师与学生之间进行互动

①营造和谐轻松的氛围

现代心理学的理论已经证实，当学生处于一种较为轻松愉快的环境时，其思维活动才会更加活跃，其知识的学习才会更加高效。从这里可以看出，为学生营造一个比较轻松的学习氛围也是至关重要的，而构建新型师生关系又是其基础与前提。

在教学过程中，教师要树立师生平等的意识。在英语阅读课堂上，不再一味地带领学生阅读、分析文本，而是鼓励学生的参与，让学生可以对文本进行分析，发表自己的看法。而当学生对某些问题产生困惑时，教师要肯定学生这种善于思考的行为，绝对不能因为学生提出的问题可能超出自己所能回答的范围而否定，甚至苛责学生。英语阅读教学是教师与学生进行良好互动的过程，教师要学会倾听学生的想法，要了解学生对文本的认识情况，只有这样，教师才能以学生实际为出发点，为其营造一个轻松的学习环境。

在具体的教学过程中，教师还要学会灵活地使用教学语言，教学语言在英语阅读教学中发挥重要作用。首先，教师需要在课堂上使用体态语。一般来说，体态语主要包括眼神、面部表情、手势、微笑等动作。例如，眼神的使用部分，教师要能够尽量使用肯定学生、鼓励学生的眼神去鼓舞学生，通过眼神实现与学生的情感交流。面部表情的使用部分，为了让学生可以接受教师的教学，认识到阅读学习的重要性，教师在日常教学中要保持一种严肃的神情，除此之外，为了拉近与学生的距离，在严肃之外，教师还要给予学生必要的温柔，在课堂上可以对学生微笑。其次，教师还要在课堂上多使用能够激励学生学习的语言。激励性的语言能够激发人类内心深处对知识的渴望，教师多使用这些语言可以激发学生进行英语阅读学习的欲望。

总而言之，在英语阅读教学过程中，教师不能忽视学生的学习感受，要尽可能用一些鼓励性的教学语言引导学生，让学生感受到自己是被重视的，从而自发投入更大的精力在英语阅读学习上。更重要的是，久而久之，教师与学生的和谐互动就会实现，尤其从情感层面上来讲，教师与学生也就完成了深层次的互动——情感互动。这样一种建立在教师与学生相互信任上形成的课堂氛围，不仅有助于提高教师教学的质量，还能提高学生学习的积极性。

②师生共同进步，实现教学相长

在英语阅读教学中，教师要放下过去自己的“师长”架子，重新认识学生，学生不仅仅是学生，他们也可以是“教师”，教师可以从他们身上学习到一些东西，这就要求教师要以更加开放的态度看待师生关系，在英语阅读教学中多与学生互动，了解学生的学习需求。深入探究之后就可以发现，教师进行阅读教学的过程其实也是一个不断进行学习的过程，教师在进行课堂教学时，可以在教材的辅助下厘清教学思路，完善知识结构体系。有些教师在教学过程中还会受到学生的启发，产生一些新的想法，对原有的文本产生新的认识。同时，教师也可以让学生对自己进行提问，这样教师就能了解学生的真实想法，从而更好地反思自己的教学行为，完善自己的教学设计。可见，英语阅读教学能够帮助教师与学生实现共同进步，教师的教学更加优化，学生的学习也更加高效。

③善用评价，及时反馈强化

第一，随机评价。认识阅读教学过程可以从信息论的角度出发，从这一点上来看，教师与学生不断对文本进行信息输入、输出，并进行评价的过程就是阅读教学过程。英语阅读教学需要评价，教师与学生进行相互评价，将促进二者实现共同进步与发展。教师给予学生的评价，可以让学生在第一时间了解到自己学习的实际情况，对于自己存在的不足，学生也能尽快了解，从而积极改正。而学生给予教师的评价，能让教师认识到自己在阅读教学中存在的问题，从而进一步优化英语阅读教学，摆正教学心态，为学生提供更好的教学内容与方法。不过，当教师获得学生的反馈之后，需要对学生的学习情况做出评价时，该评价看似

非常“及时”，能让学生清楚自己的学习情况时，同样也有一个明显的不足之处，那就是其他同学的创新意识有很大可能会被扼杀。不少研究已经表明，人类的思维活动非常复杂，那些比较具有创新性的想法并不会存在于人类思维的全过程，主要存在于思维的后半程。这就要求教师在英语阅读教学中不能只是单纯地教授学生英语知识，而是能够采取一切手段激发学生的创造性思维，而从教学评价这一个层面上来说，就要求教师可以利用“延迟评价”原则鼓励学生发表自己的见解。该原则要求教师可以给学生留出充足的时间进行讨论，在讨论中发现问题的不同解决方法。而当学生产生答案之后，教师不能立刻对学生的答案进行绝对的“对”“错”评价，而是要给予学生适当的引导，引导学生对彼此进行评价。

第二，小结评价。教师对学生的阅读学习评价是多方面的，不仅要对其阅读知识掌握情况进行评价，还要对其参与阅读实践的情况进行评价，只有多方面的评价才能帮助教师全面了解学生。而小结评价就是一种可以让教师对学生进行全方位评价的一种评价方式。小结评价的内容是对某一课或者单元的内容进行评价，通过这一评价，教师能帮助学生全方位把握其需要学习的知识点，同时帮助其建立自己的知识结构体系。同时，学生反过来也可以评价教师的教学，对教师的教学方法、手段等进行评价，这样教师就能清楚自己在英语阅读教学中存在的问题，从而在下一课或单元教学中做出改变。

总而言之，评价不能是单方面的，教师与学生的双向评价才是英语阅读教学不断发展的动力，同时，教师与学生也能在对彼此的评价中不断进步。

（4）学生与学生之间进行互动

一般来说，学生对文本的解读主要包括三个方面：学生自己对文本的独自体会、教师对学生的引导、学生与学生间的相互影响。在前面的诸多论述中，对于学生与学生间的相互影响并没有深入探究，但是，它也是促进英语阅读教学发展的重要因素之一，这是因为学生与学生就文本进行讨论可以使其与文本之间达成良性互动，从而使学生能更加清楚地认识文本。

在课堂上，学生对教师存在一种天然的敬畏感，他们总是习惯跟在教师后面，这导致其很难形成创造性思维，思维发展受到明显的限制。不过，存在于学生之间的讨论往往不会出现这种情况，这是因为学生彼此之间是平等的，他们相互了解，因此在讨论过程中他们可以轻松地表达自己的观点。而且学生所提出的观点，在其他学生看来并不具有与教师观点一样的权威性，因此他们是没有必要全部接受的。在这种情况之下，学生之间更容易产生多样的信息，更容易理解对方，也更容易促进英语阅读的学习。

### （二）互动式教学在大学英语听力教学中的应用

#### 1. 互动式英语听力教学的教学方式

（1）提问式

提问的方式可以让学生在课堂上利用英语进行回答，这样学生就获得了锻炼英语听力与口语的机会。教师提出的问题应该是学生所熟悉的，是学生感兴趣的，只有这样，一来一往的提问才能顺利进行。

教师在进行提问之前应该设计出一些相关问题，这些问题要尽量具有艺术性，能够为学生构建一个轻松、具有人文性的教学环境，同时还能进一步拉近师生关系，这样，学生才会感受到英语阅读学习的乐趣。此外，教师为学生设计的学习内容也应该与学生的实际生活相联系，这要求教师可以在课前与学生进行英语对话，了解学生最近的生活与学习情况。与学生生活、学习密切相关的话题能激发学生的沟通欲望，能让学生更愿意与教师交流，学生英语学习也就变得更加顺畅。

培养学生的交际能力是非常重要的事情，在课前的日常热身对话完毕之后，教师就可以将话题自然地引导到课本内容上来。在讲解课本上的听力内容时，教师可使用互动式教学方法，一般来说，这种教学方法在听力教学中的应用主要有以下三个步骤。

①预习听力材料。在进行新课之前，教师需要适当给学生布置一些预习任务，学生可根据任务对需要学习的内容进行猜测。

②分析听力内容。让学生深入分析听力内容，不仅要让其从基础层面出发了解听力材料中需要其认识的新词汇、语法，还要对听到的内容列出提纲、独立组织。教师要鼓励学生积极将自己听到的内容阐述出来，当发现学生表达有误时教师不宜立即阻止，而是要等到学生阐述完成之后再对其问题进行纠正，尽量不要打乱学生的表达节奏。

③巩固练习。为了巩固互动式听力课堂教学的成果，学生需要进一步对已经学习完的听力材料进行巩固练习，教师可以让学生在听完之后进行讨论，以实现教师与学生、学生与学生间的沟通。这种互动不仅能让教师了解到学生英语听力学习的实际情况，还能进一步激发学生英语听力学习的积极性。

（2）小组互动式

小组合作学习是学生重要的学习方式之一，该方式能让学生在共同协作中展示自己的个性，在培养合作精神的过程中形成良好的人际关系，更能将个人学习成果转化为共同的学习成果，使学习效果得以加强。

①小组划分的原则

小组合作学习的实施并不是随意的事情，需要遵循一定的原则。小组成员要保持自己的异质性与代表性，在小组内部，成员们都可以从别的同伴那里获得经验，同时看到自己的不足。

②小组划分的形式

一般来说，小组合作学习的实施可以有四种形式：第一种是教师比较常用的形式，就是学生与各自的同桌自动形成一个小组，这同时也是一个比较经济的分组形式，同桌之间彼此相熟，在进行问题探究时会更加默契；第二种是四个人为一个小组，四个人的小组形式也是遵循了距离就近原则，可以是前后位四人组成一个小组，也可以是横向两个同桌组成一个小组，该形式非常适合连锁问答；第三种可以以座位的一竖排为一组，不过，需要指出的是，这一形式有其不足，它可能在单词复习时给学生带来不便；第四种是随机分组，根据学生的学号，使用抽签或用随机数生成器的方式来确定每个小组的成员。同桌、横排、竖排或随机分组，具体采用哪种小组划分形式，还需要教师根据教学的实际情况做出选择。

③具体实施步骤

第一，提出探究问题。教师提出的问题应该是经过深思熟虑的，为了激发学生的探究积极性，教师应适当提高问题的难度，同时还要贴合学生生活的实际，这样，学生就能更加主动地投入到问题的探究中。

第二，小组合作探究。小组合作是有一定顺序的。可以组成4～6人的异质小组，然后给他们一个问题，让他们根据问题进行讨论，在讨论过程中他们就会发现自己的优势与不足。教师需要掌握小组讨论情况，当讨论遇到瓶颈时，教师还可以适当地对学生进行指导。大量的小组合作教学实践已经表明，这种小组活动在很大程度上可以提高学生学习的主动性，同时还能增进学生与学生间的了解，促进共同进步。

第三，小组间互相交流。在小组组长的带领下，各小组成员分工明确，共同探究问题，当各组讨论出结果之后，教师可让每个小组就答案进行讨论。小组内部可以推举一个人作为代表与其他小组进行交流，如果小组代表的发言内容不足或者出现某些问题时，小组其他成员也可以进行补充或纠正。除了推举一人进行结果汇报与交流，也可以采用小组汇报这种集体形式进行。不过，无论是采用哪种形式，教师都应该对小组经过讨论得到的答案给予肯定。

### 2. 互动式英语听力教学的实施策略

英语教学最为直接的目的就是通过向学生传递听说读写这些基础理论知识，使学生掌握必要的英语基础知识技能，从而在交际中灵活运用。语言的学习一般都是从听开始的，因此大学英语教学应该关注听力教学，教师在英语听力课堂上也应该选择适当的策略，注意培养学生听力学习的信心。

通常情况下，教师在英语听力教学中使用的策略主要有以下几种。

(1) 解析标题。这一策略主要应用在训练学生主题听力技巧上。在使用这一策略时，教师先要向学生介绍一些任务，这些任务能够保证学生在具体听的过程中把自己的注意力放在文章的主要内容提炼上。然后再播放录音材料，让学生根据所听材料选择适当的标题。

(2) 进行概述。这是对文章主旨进行概括的策略。当学生听完材料之后，教师可以让学生对整个文章的大意进行总结，然后提供给学生几个关于文章概述的选项，让学生根据自己听的内容进行选择。

(3) 学会排序。教师可以把听力材料的顺序打乱，然后向学生布置一些相关任务，之后播放听力材料，要求学生根据听到的情节对故事顺序进行重新排序，当学生完成排序之后，教师就可以对学生的顺序调整做出最后评判。

(4) 复式听写。这一教学策略的主要目的是让学生从听力材料中获取具体的信息。在播放听力材料之前，教师要事先告诉学生哪些比较重要的地方已经删掉，提醒学生在听的时候注意这些地方，在完成听力之后，学生需要将被教师删除的部分填补上。

听力训练的过程是一个并不容易的过程，训练形式也是多种多样的。教师在具体实施听力互动式教学策略时，应该遵循听力教学的相关原则，从学生对与教师、文本互动的需求出发，这样才能提高英语听力课堂教学的质量。

## （三）互动式教学在大学英语口语教学中的应用

### 1. 互动教学法对英语口语教学的启示

#### (1) 确立正确的教学目标

存在于英语课堂上的口语互动都是以教师的启动为前提的，特别是教师在教授新课之前，应当吃透教材，精心组织教学活动，而这些都需要教师围绕教学目标进行。正确的目标是教师进行教学活动的风向标，目标正确，教师才能沿着正确的教学道路前进。

（2）及时引导学生

在英语互动式口语教学过程中，教师一般会利用一些小问题将自己与学生联系起来，促进双方产生良好互动。在教师提出问题之后，学生需要及时回答，但是教师不能盲目认为所有学生都能迅速给出正确的答案。每个学生都是有差异的，学生水平不同，其思考答案的速度也是不同的。对于那些存在思维或语言障碍的学生，教师不可以要求其迅速给出答案，而是要运用恰当的方法对其进行积极引导，引导所使用的语言不要太生硬，最好能委婉一些。引导学生的过程就是教师与学生进行互动的过程。

2. 大学英语互动式口语教学的操作程序

（1）确定目标，抛出问题

在传统口语教学中，教师走入课堂就开始讲课，并未明确口语教学的目标。而在英语互动式教学中，教师首先要做的就是要确定教学目标。当目标确定之后，学生就会自动生成渴望完成目标的心理倾向，并且在教师的客观刺激下，学生的学习积极性也能被激发出来。围绕着教学目标，教师制订教学计划，实施教学策略；学生制订学习计划，选取学习方式。在教与学的过程中，教师与学生完成了良好的互动。

此外，英语互动式教学的实施还需要一定的问题启示学生的学习。对于问题，它需要具备两个特征：第一，启发性，学生在思考问题时可以联想到其他相关知识，可以激发自己的好奇心；第二，发散性，问题不应局限于一个知识点，而是能让学生根据这一个问题发散自己的思维，拓宽自己的学习视野。除此之外，还需要格外注意的是，教师所提出的问题不能太难，也不能太易，而是要适中，能合理反映学生的学习情况，同时也能激发学生的学习积极性。

（2）创设情境，实践演练

英语口语教学非常注重情境演练，情境是学生接触英语知识比较直观的方法，它是英语教学比较关键的部分。创设情境主要有两方面的作用：第一，能加深学生对英语知识的理解，这是因为教师所创设的情境往往贴近生活，学生在这种情境中学习，自然可以更好地了解这些知识；第二，能让学生感受到英语学习的真谛，在具体的情境中，学生能体会到英语语言的魅力，认识到英语语言知识并不是唯一的学习内容，文化学习也同样重要。在情境中练习口语，学生能直接感知英语国家的文化，清楚了解在英语口语交际中的文化问题。

（3）鼓励思考，帮助学生拥有自己的思考空间

任何知识的学习都不容易，除了教师教授给学生的知识外，学生也应该拓展自己的思考空间，依靠自己的努力获取知识。

（4）组内讨论，组际交流

在思考完成之后，讨论与交流是必需的，一般来说，主要包括两个部分，一个是组内讨论，另一个则是组际交流。

教师对学生进行分组，提供给其一个可讨论的题目，学生就这一问题进行组内讨论，在激烈的讨论中，学生的口语能力得到了锻炼。同时，当学生在对某一问题产生疑惑时，教师就可以对其进行恰当引导，通过与教师的交流，学生的口语水平也得到了一定程度上的提升。

组际交流是另一种交流的方式，它是小组讨论的进一步拓展。当各小组完成问题探讨之后，教师就可以让各组进行组际交流。在各组交流的过程中，教师不应该打断他们彼此间的对话，即使交流过程中出现问题，也应该等交流结束之后，再对其进行指导。

（5）及时评价，总结反馈

在教师与学生互动的过程中，教师要对学生的学习活动进行评价，主要评价学生的学习意识、学习态度等。教师不能采用一种评价方法评价学生，因为每一个学生都是不同的，要尽可能采用多样的评价方法，尊重每一位学生，正确评价每一位学生。评价是对英语互动式口语教学的总结，通过评价内容与结果，教师可以总结出学生在学习过程中的不足，也可以总结出自己在教学过程中的不足。

### （四）互动式教学在大学英语写作教学中的应用

写作是一个复杂的过程，它不是由作者一个人完成的，而是需要一个群体活动的相互配合。以下从写作前、写作中和写作后三个方面对于不同阶段的英语多元互动式写作教学应用进行分析。

1. 写作前

写作前是第一个阶段，即准备阶段。这个阶段主要有三项任务：划分小组成员、确定主题、收集资料、学习基本的写作技巧。在这个阶段教师要充分发挥主导作用。在传统的课堂教学中，学生的座位总是按前后顺序列成几排，后排的学生只能看见前排学生的头，这种设置方式使学生之间缺乏必要的交流和沟通。因此，在互动式写作教学中学生座位的设置非常重要。在活动之前，教师可根据人数把学生分成几个小组，每组5～6名学生，小组成员各自担负一定的职责，如发言者、记录员、主持人、检查员等。为了方便学生的交流，在互动式教学中教师可以把学生的座位排成圆形。在学生落笔开始写作之前，教师要指导学生进行前期相关工作的准备。首先，教师要精心选择作文题目，所选题目要与学生的学习和生活密切相关，要让学生感觉有话可说。其次，教师应组织学生一起阅读作文题目，给予学生讨论和思考的时间，为学生提供互动的机会，针对主题提出引导性的问题、列出要点等。学生可以通过阅读范文来收集资料，因为阅读范文能够启发学生的思路。在阅读的时候学生要学会分析和判断，积累素材时要认真思考和抉择。学生还可以利用网络资源来搜寻材料。

在写作前阶段，教师应当指导学生了解文章体裁的类型与主要作用。与其他语言一样，在不同交际场合下使用的英语风格也不尽相同。不同体裁的语篇模式可分为四大类型：一般特殊型、问题解决型、设定真实型、匹配比较型。而使用的体裁则涉及记叙文、说明文、议论文、实验报告、科学论文、书信等。对学生进行语篇分析观察能力的培养，能够使他们从微观角度对语言篇章进行理性把握，从而降低学生对语篇的认知障碍。除此之外，教师在写作课堂上还应当指导学生学会使用各种策略来完成写作，例如：怎样把握作文的结构和层次，如何开头、结尾，段落内容应当怎样展开；怎样修改，如何加强句子之间的逻辑衔接、段落之间的自然过渡和意义上的递进或转折；怎样加强语言表达的精确性，如何更正词汇、句子结构、语法等细节问题。

总之，在写作前阶段，教师需要指导学生分析不同体裁的语篇所具有的不同交际目的和语篇结构，更好地为以后的写作建立基础，让学生写出合乎社会规范的语篇。

2. 写作中

在经过写作前的准备活动之后，学生进入实际写作阶段。此阶段主要的活动有打草稿、评改。在课堂教学中教师必须能够有意识、有目的地进行角色之间的转换，推动学生间的互动活动，调动他们的参与意识，使学生成为课堂教学的主体。课堂上教师要组织学生对写作前收集的材料进行筛选，因为收集的材料不一定都能用上，要选取那些有价值的信息。当学生独自完成初稿后，教师提供评分参考标准并组织学生进行修改。许多学生没有掌握修改的技巧，也不知道怎样才能修改好自己的作文，更谈不上能对别人的作文提出建设性的修改建议。因此在课堂上教师可以进行具体的示范，让学生明白应从哪些地方入手才能进行有意义和有成效的修改。学生完成一篇作文通常需要经过多次修改，而修改是一个很复杂的过程。写作评改的步骤如下：

(1) 自我修改。自我修改指的是来自学生本人个体的反馈，换言之就是学生根据学习过程中出现的错误进行的自我检查、辨析和订正。学生阅读自己的文章并进行修改，可以从以下几个地方入手：单词拼写、标点符号的选用、段落和文章的层次结构等。

(2) 同伴互改。同伴互改是指在学生之间或小组成员之间彼此对同伴的作文提出修改建议。同伴互改的根本宗旨是让学生通过必要的交流完成写作任务，充分发挥他们在学习中的主体作用。研究者们一直密切关注着同伴互改这一方法在写作教学中的应用。学生写完作文之后，首先与同桌同学交换、互相修改。学生把自己的作文交给同伴，这是他们的作品第一次见到读者，也是第一阶段工作的延续。学生相互修改既要指出同伴的作文中出现的问题，也要肯定文章中出现的经典句子。通过对对方的作品做出反应，可以从中看出第一阶段的学生自我评价工作做得成功与否。这里的同伴互动，既是行为互动，也是思维互动，既促进了学生间知识的交流，又加深了他们的情感融入。

（3）小组评改。这项评改工作可在组内和小组之间进行。教师在小组评改前先公布本次评改的侧重点。小组的每一个成员轮流朗读自己的作品，使自己的作品与更多的读者见面，而小组作为一个团队共同评议每位成员的作品优缺点，可从几个方面入手：作文的主题句、作文的逻辑顺序、作文的立意与选材、作文中的优缺点。最后把小组成员的意见进行汇总，并给出分数。等各个小组都完成任务后，再进行小组之间的交换，以便得到进一步的检查和修改，修改后上交给教师。学生互评是在平等的基础上进行的，有助于消除学生在交流时出现的焦虑情绪，通过小组互改，能创造出更积极有效的课堂气氛。写作成为同学之间交流和沟通的桥梁，而不再是等待教师评语的艰巨任务，这对于学生来说能够更加容易地消除他们对写作的畏难情绪。

### 3. 写作后

在学生经过相互评改之后，教师要及时收集学生的文本进行检查，根据学生互评的结果进行讲评和总结。教师应对学生在互评过程中出现的共性问题加以分析和总结，引导学生对出现问题原因做深入反思，提出避免问题产生的有效方法，保证学生的互动活动得到及时的反馈和指导。最后学生在修改的基础上进行重写。在评价过程中，教师应对学生多一些关爱和鼓励，帮助学生认识自我、建立自信，让学生在教师的指引下，愉快地进行英语写作，提高写作兴趣。

课后反馈属于写作后的一个关键环节。批阅学生习作，是教师与学生进行交流的好机会。教师可以直接对文章进行批改，纠正语法、表达、结构等错误，同时多元互动式写作模式强调学生也可以在文中标出写作过程中的疑问之处，让教师进行有针对性的批改，并将结果及时反馈给学生，让学生及时了解到自己写作中的弱点和问题所在，并及时纠正。只布置题目不及时反馈，会极大地降低学生写作的积极性，同时也是对写作本身价值的一种浪费。反馈应点面结合，既注重语言、语法等细节，又注重篇章结构、总体思想表达等。教师还可以组织学生进行同学间的相互批改，集思广益，实现学生间的互动，让学生从读者的角度审视文章，加深对各种写作错误的认识，让犯错误的学生从所犯的错误中学到知识，避免再犯，让未犯错误的学生防患于未然。

# 第三章 大学英语混合式教学的基本理论

随着时代的发展以及技术的进步，基于信息技术、网络技术的多种新型教学模式被应用到大学英语教学中，混合式教学就是其中一种。

## 第一节 大学英语混合式教学的内涵与特点

### 一、大学英语混合式教学的内涵

严格来说，blended learning（混合式学习）不是一个新的概念，“blend”一词的意思是“混合”，blended learning 的原有意义为混合式学习或结合式学习。究竟混合的内容包括什么，学者们给出了不同的观点。

德里斯科尔指出，混合式教学的定义可以概括为以下四点。

（1）教学方法（如建构主义、行为主义、认知主义等）的混合。

（2）任何一种教育技术（如视听媒体）与面对面课堂教学的混合。

（3）教学与实际工作任务的混合。

（4）各种网络技术的混合（如虚拟课堂、自定步调学习、合作学习、流媒体视频等）。

近年来，随着信息技术的迅速普及，教育界开始利用“混合”的内涵，并赋予其全新的意义，即与信息技术密切相关。

皮恰诺为混合式教学总结了一个更为宽泛的定义：面授课堂与技术的混合。

既然混合式教学是面对面课堂教学与以信息技术为媒介的学习相结合的学习模式，那么其应该被看作比远程教育和计算机辅助语言学习更加宽泛的一个概念。

这个定义之所以过于宽泛，一方面无法厘清混合式教学的本质；另一方面缺乏可操作性。目前，学术界对于混合式教学的普遍认识是：混合式教学包括面对面学习和在线学习两个部分，是二者的结合。具体的界定有以下几种。

## （一）仅强调核心成分

部分研究者仅强调混合式教学的核心成分，即涵盖在线学习和面对面学习两个因素。

格拉哈姆指出，混合式教学是面对面课堂教学与在线学习的结合。

克拉克提出，将混合式教学仅看作面对面课堂教学与在线学习的结合是不充分的，容易使教师认为在传统课堂教学的基础上添加一点在线学习的成分，就是在开展混合式教学。

## （二）关注课堂面授时间

有的研究者认为，混合式教学不仅是在传统课堂中添加信息技术的成分，所以将面授时间的减少加入混合式教学的定义中。

霍恩提出，混合式教学是学生部分时间接受课堂教学，部分时间进行在线学习，在线部分由学生自主控制学习时间、地点、路径或进度。

## （三）强调混合的质量

一些混合式教学的定义特意将“质量”引入其中。辛格指出，混合式教学是在恰当的时间，为恰当的对象，应用恰当的教育技术，通过恰当的方式，提供恰当的学习内容，以使学生获得较高的学习收益。盖里森认为，混合式教学是课堂面授与在线学习的“周密”结合。

我国学者对混合式教学的定义更强调其作用与意义，具体如下：

整合面对面教学与在线学习两种学习模式，以降低成本、提高效益，即混合式教学。

混合式教学即将传统学习方式的优势与网络化学习的优势结合起来，一方面要发挥教师的主导作用；另一方面要体现学生的主体地位。

该定义强调要实现两种模式的优势互补。

## 二、大学英语混合式教学的特点

总体上说，大学英语混合式教学有以下几个特点。

### （一）动态性

由混合式学习第一次出现到此后经历的几个阶段可以看出，混合式教学也随着时代和环境的改变而得到了不断完善和发展，其囊括的教学模式、教学方法、教学内容等越来越多样。

### （二）多元性

由混合式教学的定义就能看出其多元的特征，它是教与学多种要素的整合，是多个教学维度的有机结合。另外，混合式教学的理论基础也是多元的，包括认知主义、行为主义、建构主义、社会文化理论和教育传播理论等。

### （三）实用性

企业培训使得混合式教学得以产生。此后，开始有一些国家将其应用于教育领域，如学校教学和教师培训等。实践证明，混合式教学是非常有效的教学方式。

### （四）时代性

教育国际化和信息化的一个必然产物就是混合式教学。在教育领域中，混合式教学的时代性备受关注。随着科技的发展和教育技术的不断更新，混合式教学也不断被赋予新的内涵。

# 第二节　大学英语混合式教学的优势与要素

## 一、大学英语混合式教学的优势

### （一）有利于及时反馈

在传统教学模式中，教师很难从学生那里得到全面、准确的反馈。

在混合式教学模式下，教师通过相关软件平台，将线上线下的教学环境相结合，能够为教师与学生提供全面、及时的教学反馈，帮助教师及时解决教学过程中产生的问题与学生存在的困惑，使教学效果与效率不断得到提升。

### （二）有利于个性化学习

在混合式教学模式下，学生可以选择符合自己个性的学习方式，这样可以更好地激励学生参与到课堂之中，便于学生之间相互协作，也可以为学生提供更多的表现机会，拓展他们的学习空间与实践空间。这是教学改革的潮流。这是一种深度学习的机会，也是一种创新的学习方法，能够帮助学生取得更好的成绩。

## 二、大学英语混合式教学的要素

### （一）教学环境

教学环境即教与学发生和发展的环境系统，会受到多种因素的制约。在信息化时代，教学环境被赋予了新的内涵和特征。良好的学习环境可以激发、推动和强化学生的学习行为，有利于其掌握知识、巩固学习成果、施展个性和才能。所以，能否创设有效的教学环境直接关系着学生的整个学习活动。

### （二）教学内容

传统教学侧重目的，忽视了对学生学习兴趣的培养，而兴趣是最好的老师。当前，一些教师为了满足学生今后的工作需要、考研需求等，虽然强调知识的实际运用，但考试内容单一、考查内容浅显，忽视了学生的学习兴趣。在信息化教学环境下，教学应以学生的兴趣为着眼点，适当增加考查学生思辨能力的教学内容，让他们在学习过程中能探讨、分析、推理或评价学习中的各种问题，从而激发学生的学习兴趣。

### （三）教学对象

对学生解决问题的能力进行培养是非常重要的，这样才能使其在工作与生活中有能力处理各种问题。于是，提高学生的各种生活技能成了大学教学的一个重要目标。

就整个教育过程而言，学生是教育（或教师工作）的对象，始终处于客体地位。因为每个人都是其认识活动的主体，也可能成为其他人认识的客体，在教育这一培养人的实践活动中，教育者始终是认识和培养学生的主体，而学生则是被改造和加工的对象。从教育的过程来看，教师既是具体教学计划的制定者，又是教育活动的组织者和领导者，再加上学生身心发展水平不高，而教师则受过专门的教育训练，学有专长并且体现了社会的要求，在很大程度上决定着学生的发展进程和方向。因此学生的客体地位和教师的主体地位是由教育的本质属性所决定的。

学生是学习和认识活动的主体，具有主观能动性。主观能动作用是指人的主观意识和活动对客观世界的反作用。人们在实践的基础上能动地认识客观世界和在认识的指导下能动地改造客观世界，都是人类特殊的能动性。学生虽然是教育活动的客体，但学生是人，相对于自己的认识对象（客体），如教材、教师、教法及环境影响等，又是自己认识实践活动的主体，他们对教育活动会做出参与或回避反应，对教育影响会进行评价和取舍，对教育环境亦会进行适应和改造。而且随着年龄的增长，这种主观能动作用会日益凸显。教师要特别重视发挥学生的主体作用，让他们积极参与到教育教学过程中来，同时提倡自我设计、自我奋斗、主动进取、开拓创新，使学生的主体性、创造性得到充分发挥。

## 第三节　大学英语混合式教学的程序与策略

### 一、大学英语混合式教学的程序

大学英语混合式教学大致分为以下三个阶段。

#### （一）课前阶段

在采用混合式教学模式开展英语教学时，教师在授课之前要针对具体的教学内容和学生的学习情况选择切合的课程资源，充分利用教材和网络课程资源，结合实际情况设计能够培养学生自主学习能力的学习任务。通过网络平台，教师可以将教材中所涉及的学习计划、学习目标、学习重点、学习难点、学习主题等相应的预习内容和学习任务及时发到学生手中，学生可以根据任务的要求通过不同的方式，如个人独立思考、小组讨论等，有效地获取知识背景，高效地完成预习任务。在这一过程中，学生的自主学习能力也会相应提高。在这一阶段，教师可以利用自主式的学习平台，充分实现师生之间的互动，为学生提供有效的在线咨询，为学生答疑解惑，向学生提供有针对性的辅导和帮助，进而切实增强学生的自主探究意识和自主学习能力。

### （二）课堂阶段

在课堂阶段，教师可以主要从以下几个步骤着手。

首先，教师可以对学生课前预习的情况进行检查和分析，重点指出相关问题。

其次，教师可以运用多媒体创设教学情境，提出问题，引发学生积极思考，培养学生的探究意识。

再次，教师可以结合教学实际情况和单元主题，设计相应的学习任务，鼓励学生积极讨论，也可以通过情景对话、角色扮演等方式，促使学生主动参与课堂教学活动。

最后，教师可以鼓励和引导学生进行总结和反思，进而巩固学习知识。教师还可以让学生进行自评或互评，以激发学生的学习热情和自主探究精神，同时增强学生的协作互助意识。

### （三）课后阶段

在课后阶段，教师可以通过混合式教学进一步补充相应的学习材料，有效拓宽学生的视野，加深学生对所学知识的理解。在课后，学生也可以利用网络平台寻找相应的复习资料，进一步巩固学习成果，更好地完成相应的学习任务。课后巩固延伸了课堂教学的时间，能够显著培养学生的自主学习能力，为学生养成终身学习的习惯打好基础。

## 二、大学英语混合式教学的策略

### （一）完善支持框架

大学应该为混合式教学提供支持框架，以确保混合式教学的实施。这个框架包括战略、结构、支持三个维度。大学需要从宣传、基础设施、规划、管理、评价、专业发展、激励制度等方面予以支持。在混合式教学改革的推进中，大学要做到以下两个方面。

第一，从战略思想上对混合式教学改革给予高度重视，加大宣传和投入力度，尽可能升级服务器、带宽和其他基础设施功能，不断完善在线教学资源平台，以满足混合式教学的硬件需求。

第二，积极鼓励教师进行混合式教学改革尝试，为教师提供高质量的、专业的混合式教学技能培训，帮助教师组建专业发展共同体，为其开展教学工作提供学习、交流、互助的平台。

### （二）宏观设计混合课程

#### 1. 宏观布局课程

由于混合式教学模式包罗万象，因此，为了保证教学目标的实现和学习效率的提高，必须提前进行宏观布局。

第一，以教学目标为主中心点、以重点知识为次中心点进行布局。教学目标决定了重点知识的排序，重点知识决定了时间和资源的分配排序。通过这样的方式将时间、资源、课程进行合理安排，形成教学指导。

第二，制订单个知识点的教学计划。对于每一个知识点，教师都应有清晰的教学计划，如如何预习、如何组织教学和学生学习、如何复习及如何考核等。

#### 2. 精准定位资源

在完成宏观布局时，我们对需要学习的知识点及每个知识点的学习投入都有清晰的了解，在此基础上，我们需要精确定位教学资源，从而保证教学效果。

随着信息化的发展，英语教学的资源越来越丰富。但丰富的教学资源并不能确保教学的有效性，不能保证教学质量。我们需要围绕教学目标，理性地选择资源，灵活地整合资源，充分地利用资源，以达到有效教学的目的。在资源的抉择和整合上，我们要考虑如下因素。

(1) 选取的资源应该对学生有意义。学习资源对学生有意义，体现在学习资源与学生生活的现实环境相关，或者与学生个人具有的知识相关，或者与学生的个人发展相关。

(2) 选取的资源应该符合教师的教学特点。

(3) 选取的资源应体现语言的规范性与适用性。

# 第四节　大学英语混合式教学的设计要求

## 一、教学环境要求

### （一）创建多媒体课程教学环境

将多媒体应用于课程教学中具有重要意义。在课程教学中，以传统教室为基础，有机组合诸多类型的教学媒体，通过屏幕投影，将生动形象的多媒体教学信息，如图片、视频、音频等直观地呈现给学生，能够优化教学过程，提高教学效果。

多媒体教室（多功能教室、多媒体综合教室、多媒体演示教室）是课程教学中运用最多的一类多媒体教学环境，也是比较新型的课堂教学系统之一，它集中了很多现代化的教学设备。教师在课堂上运用这些教学设备资源将丰富的教学内容直观地呈现出来，可以使学生更加直观地掌握教学内容，并加深对所学内容的记忆。

多媒体教室的教学功能有很多，下面结合课程教学，列举其中几个主要功能。

(1) 常规教学。不管是传统的常规教学，还是多媒体教学，都可以在多媒体教室完成，这是多媒体教室综合性特征的重要体现。

(2) 课堂演示教学。教学内容可以通过多媒体教室的教学设备被投影到清晰的大屏幕上，以便学生直观地观察、学习。教师通过这种方法直观明了地向学生传递教学信息，学生的感官受到刺激，学习兴趣自然就会提升，课堂教学效果与教学质量也会因此得到提高。

(3) 对教学信息与资料进行搜索。学校的多媒体教室一般是连接网络的，有的还与校园网相连，教师可以在课堂教学中根据教学需要直接搜索所需资料，这能够为教师的教学活动与学生的学习活动提供便利，节约课堂时间，提高课堂教学效率。

### (二) 创建网络化课程教学环境

信息化教学的开展也离不开网络化教学环境的支持。教师将网络通信技术、计算机技术充分利用起来，通过文本、信息交互技术、影像等丰富的信息媒体资源向学生传递重要的教学信息与资源，能促进学生更好地进行自主学习与合作学习，提高课堂双向互动交流的效率和学生的学习效率。

常见的网络化教学环境主要有多媒体网络教室、校园网、网络教学平台、远程教育网等。下面结合课程教学，主要分析多媒体网络教室。

目前来看，多媒体网络教室（多媒体网络机房、计算机网络教室）作为一种新兴的网络教学系统，在我国各类学校的应用非常广泛，大中小学普遍会用到多媒体网络教室。多媒体网络教室属于小型教学网络，由若干台多媒体计算机及相关网络设备互联而成，可以将其作为计算机机房使用，也可以将其作为多媒体演示室、视听室、语音室使用，这是多媒体网络教室的功能及应用形态的主要体现。在使用多媒体网络教室时，必然离不开现代网络技术和多媒体技术的支持。多媒体网络教室在课程教学中的具体应用及功效主要表现在以下几个方面。

1. 优化教学结构，使学生有更多的实践机会

在课堂教学中，多媒体网络教室的软件可作为辅助教学手段，如教师口头讲解时，可用语音对话；示范动作时，可播放图片或视频，使学生看得更清楚。多媒体网络教室的设备还有监控功能，当学生自主学习时，教师可以检查学生的学习情况，发现其中的问题，从而对教学过程进行更合理的调控。如果学生在听讲或自主学习中有疑问，可利用电子举手功能向教师提问。教师可以利用辅导答疑功能来对学生进行个别指导，有针对性地解决学生在学习中遇到的个别问题。另外，教师还可以组织学生交流经验、讨论问题，对于普遍存在的共性问题进行集中处理。这样可以在一个整体的系统中将诸多环节联系起来，使课堂教学结构更加优化。学生在交互式的环境下有更多的机会去实践，学习效果会有所提高。

2. 丰富教学内容，提高课堂效率

教师在制作多媒体课件时，要以教学目标、教学内容及教学需要等为依据进行，在课件制作中分类建库、分类储备各种教学资料，如教案、图片、实验用具等，以便在课堂教学中快速调用这些资源。多媒体网络教室集图书室、资料室、实验室于一体，与互联网连接，在课堂教学中，教师可以获得教学所需的资源信息或校园网上的共享资源，借助丰富的教学资源来创设教学情境，使教学时空进一步拓宽，有助于调节课堂氛围，达到既轻松愉悦，又保持适度紧张的教学效果。学生利用计算机也可以实现学习资源的共享，在获得这些资源的基础上充分发挥学习主体的作用。这种教学方式具有高密度、高效率的优势，可提高课堂教学效率。

3. 丰富教学内容的表现形式

多媒体信息符号的表现形式有很多，如文本、图形、图像、动画、音频、视频等，这些常见的信息形式经过计算机的集成处理构成了多媒

体信息结合体。在网络教室环境中，可以用很多种形式来呈现多媒体信息，教师要选择最合适、最有效的表现形式来传授教学内容。例如，可以单独使用某种表现形式来传递信息，也可以将多种表现形式结合起来传递教学信息，从而达到抽象理论形象化、静态知识动态化的效果，激发学生的学习兴趣，促进其学习能力及多元智能的培养。

4. 可优化组合多种教学形式

在课程教学中，教师可将本校服务器中的多媒体教学软件结合起来进行全面教学，学生在自主学习的过程中也可以查找学校服务器中的学习资源，从而提高自主学习能力。另外，教师与学生查询与运用网上资源都可以达到实时获取的效果，这有助于师生之间以某个特定主题或教学任务为中心展开互动。通过讨论室讨论，学生可以快速完成学习任务，全面理解问题。这也为课堂中小组合作学习、自主探究学习以及讨论协商学习等多种学习形式的优化组合运用提供了方便。

## 二、教学内容要求

### （一）创设情境，使学生在真实情境中掌握和运用知识

在传统教学中，教师往往将知识从具体情境中抽离出来，抽离出来的知识是抽象性的、概括性的，虽然这样可以将具体情境中的“本质”内容（概念、规则、原理等）体现出来，但知识运用的具体性与情境性却被忽视了。学生虽然掌握了知识，但是在具体的任务情境中或遇到现实问题时无法运用所学知识，学习结果无法顺利融入现实。要使学生在建构层面掌握所学知识，深刻理解知识表面所隐含的性质、规律及相关关系，教师最好为学生创造真实或接近真实的情境，使学生在亲身参与中获取直接经验，而不是从教师的口头讲解中去获取。

对此，在大学英语混合式教学中，教师要注重对真实问题情境的创设和对真实任务的设计，使学生尽可能在真实的情境中完成所有学习活动。这里要注意一点，即真实情境与现实情境不同，不一定要真实客观

存在。情境有很多种类型，如基于学校的情境、基于自然或社会生活的情境，以及虚拟的情境、现实的情境等。在课堂教学中，无论教师创设的是哪种类型的情境，都只有一个原则，就是使学生能够经历类似真实世界的认知挑战。

### （二）利用学习资源为学生的自主学习和协作学习提供支持

在大学英语混合式教学中，教师要将丰富多彩的信息化学习资源提供给学生，并在学生获取学习资源、分析处理学习资源、编辑加工学习资源的过程中提供引导与帮助，从而为学生探索学习、分析解决学习中的问题提供支持。有些学生对信息化学习资源不熟悉，也不习惯运用，对此，教师要加强对信息化资源的普及，不断鼓励学生使用信息化资源，使学生充分认识到这些学习资源给其自主学习带来的便捷与好处，然后借助现代信息化学习资源更好地进行自主学习与合作学习。

### （三）为学生提供有效引导和支持

大学英语混合式教学强调学生充分发挥自身的主体作用，主动学习、主动探索。但因为学生的知识结构比较单一，认知水平比较低，也缺乏实践经验，所以在学生自主学习英语的过程中，教师也要适当进行指导，在关键时刻给予学生帮助，如为学生提供丰富的学习资源、反复示范正确的发音、为学生提供咨询服务、创设问题情境启发学生思考与探索等。对于那些自我调控能力差的学生，尤其要给予引导和帮助，以免学生因不熟悉新的内容或在学习中受挫而消极被动学习，影响学习效果。

### （四）强调协作学习

大学英语混合式教学强调教师要重视设计协作学习方式，具体包括学生之间的协作、师生之间的协作以及在计算机信息技术支持下的信息化协作等。由于协作学习不仅是学生发展的需要，还是社会发展的需要，因此信息化教学设计特别强调协作学习。现在，社会分工细化的趋势越来越明显，知识增长也极为迅速，需要协作配合才能完成的工作越来越多，在对现代人才的评价中，协作意识与合作能力成为一个重要的判断标准。

从学生方面来看，不同的学生有不同的成长经历和知识经验。面对同一知识或问题，不同学生的理解可能不同，学生个人的理解可能存在局限性，或者说比较片面，也有可能是错误的。而通过协作学习，学生之间相互沟通交流，每个学生都能充分表达自己的看法与见解，同时听取他人的不同看法，使自己的理解比之前更充分、全面、深刻。

### （五）在学习和研究活动中将“解决问题”和“任务驱动”作为主线

大学英语混合式教学强调不要孤立地看待学习，而要将其与更多的问题、任务联系起来，以“解决问题”和“任务驱动”为主线进行学习，学生主动进入真实的问题情境或人物情境中，完成学习任务，解决学习问题。教师在教学设计中要多鼓励学生结合现实生活探究学习相关问题，将学生的高水平思维激发出来，培养学生的高级思维能力。很多学习任务与学习问题背后都隐含着丰富的知识与技能，学生在自主学习或合作学习中探索这些知识与技能，在探索中逐渐掌握并学会运用这些知识与技能，这有助于提高学生的探索能力。

### （六）强调面向学习过程的质性评价

传统大学教学设计在习惯上将简单的知识与技能作为评价学生学习成果的唯一标准，这在大学英语混合式教学设计中是不被允许的。大学英语混合式教学强调在教学评价中应将师生在课程教学中的所有情况考虑在内，强调在真实的评价情境下进行评价，主张凡是具有教育意义的过程与结果，无论其是否符合预定目标，都应该对其进行恰当的评价。此外，大学英语混合式教学评价还强调对学生学习能力的评价，即通过其在整个学习过程中的学习行为来评价其学习能力的变化发展，最后做一个评价报告，将其作为改进教学与进一步培育学生学习能力的依据。

# 第四章 大学英语混合式教学模式的创新

互联网的普及促进了教育方式的变革。在互联网技术的支持下，人们经过实践与经验积累，逐渐形成了新的教学模式。与旧事物相比较而言，新事物通常具有一定的优越性，基于互联网技术的慕课式教学、微课式教学、翻转课堂式教学等模式受到越来越多人的关注。本章将对这几种教学模式展开分析与研究。

## 第一节 慕课教学模式

MOOC（慕课）是英文“Massive Open Online Course”的首字母缩写，直译为大规模开放在线课程。从慕课的概念进行分析，其含义如下：

“大规模”是指参与学习的人员数量众多，课程的注册人员规模达到数万乃至数以十万，包括各行各业各个年龄阶段的人员。如此大规模的教育活动，在此之前是从来没有过的。

“开放”是指学习是一种开放的教育形式，没有限制。慕课是多年来世界开放教育资源运动的延续，是开放教育潮流的重要组成部分。有了慕课，只要能上网，只要有时间，只要有学习意愿，任何人都可以进行在线学习。

“在线”是指学习资源和信息通过网络共享，学习活动发生在网络环境下。

“课程”是指开放教育的形式是课程，是整个教与学的活动。

## 一、慕课教学不等于慕课平台

由于基于慕课式教学不仅是简单的信息技术应用，更是对传统教学模式的流程重构，必将触动教师的传统教学观念和工作模式。这些问题与技术问题交织在一起，使慕课教学模式的施行势必会遇到一系列问题和阻力，因此，学校教务管理部门和教学单位的首要工作目标应该是区别并梳理各种矛盾和问题，对症下药，多管齐下地予以逐步解决。

在基于慕课的混合式教学模式的应用过程中，很多学校常见的一个认识误区是将慕课教学模式等同某一个慕课平台，这种认识的实质是本末倒置，完全曲解了慕课教学模式存在的目的和意义。诚然，一个稳定、可靠、资源丰富的慕课平台是开展慕课教学的基础，但换一个角度思考可以很容易得出结论：慕课是一种新型的教学模式，并不是一个特定的课程平台或软件，应该从更高层次进行教学模式设计。也就是说，应该先根据教学目标来确立慕课式教学的思路和模式，然后寻找和组织合适的慕课资源并应用于教学，而不是围绕一个特定的慕课平台软件进行教学设计，将对特定平台或软件的使用等同慕课式教学。

进一步说，即使没有现成的慕课平台，慕课式教学也应该可以通过教师搜索、选取互联网资源或自己录制课程视频来开展。由此可见，对慕课式教学的正确认识以及教师提高教学质量与效率的内驱力才是推动慕课式教学的核心因素。在此基础上，学校只有积极完善外部环境和条件，多方并举，才有可能形成合力，促使慕课式教学顺利施行。

## 二、慕课式教学的目的和意义

时刻保持对混合式教学目标的清醒认识是确保慕课式教学按照教学规律顺利推进和发展的重要前提。在引入混合式教学的过程中或多或少有追新、赶潮流的跟风心理，但不管出发点如何，教师都应该时刻反思慕课式教学的作用和意义，一切以提高教学质量这个根本目的为核心，积极整合各种资源为教学服务。

具体而言，首先，慕课为学生提供了优质的学习资源，这对帮助学生掌握学科课程知识、拓宽学生的视野有莫大帮助。其次，慕课式教学模式极大压缩了本校教师的课堂讲授式课时，并通过信息化、网络化的软件平台和工具提高教学管理与教务数据处理统计的效率。总而言之，就是将教师从循环往复的机械式教学流程中解脱出来，给教师更多的时间与空间来组织更加深入、更加丰富的教学内容。在教学效率提高后，节省出来的时间用来干什么，这应该是每一位参与慕课式教学的教师都应该思考的问题。

自古以来，我国教育思想就强调“因材施教”的重要性。“因材施教”是宋人对孔子教学方法的概括。程颐说：“孔子教人，各因其材。”朱熹写道：“圣贤施教，各因其材。小以小成，大以大成，无弃人也。”简而言之，“因材施教”的核心思想就是承认并正视学生的差异性，在教学过程中，根据不同学生的特点有针对性地进行教学，最终目的是启迪学生，充分发挥学生的潜力。“因材施教”的提出已有上千年历史，道理也非常简单，但在传统教学中一般很难实施。在当今教育规模飞速扩大的时代，推行慕课式教学是在信息时代实施因材施教的重要途径。教师从机械重复的教学工作中解脱出来，有充分的时间和精力投入因材施教的差异化教学工作之中，这在高等教育，特别是通识教育课程中显得尤为重要。

需要学习通识教育课程的大学低年级学生正处于从基础教育阶段的应试教育思维向高等教育阶段的实践思维、批判性思维、创新性思维过渡的关键阶段。通识教育课程的学生往往来自不同的学院和专业，文理科专业背景不同，知识结构和学习能力差异也很大。这就更需要教师根据学生的专业背景和知识结构对其分门别类，有针对性地组织教学内容，布置相应的学习任务。在分类教学的基础上，教师还可以给予学生更多人文关怀，根据学生的个体特点，一对一地进行在线或面对面的教学辅导。

需要特别注意的是，慕课式教学模式通过提高教学效率节省出的教学劳动时间仅仅是为提高教学质量和精细度提供了一种可能性，具体是否能够真正起到实效，还要看学校和教师是否都有充分的认识并付诸行动。只有教师能够潜心教学，追求教学质量的提升，校方能够积极创造保障条件支持教师投入教学，多方形成合力，慕课教学才能产生效果。

## 三、慕课与“仪式化”的课堂教学

如果慕课混合式教学能够顺利应用于日常教学中，对于教师教学和学生学习而言，都将是时间和空间上的极大解放。学生学习拥有了更大时空上的自主性，教师也可以腾出更多的时间和精力进一步充实教学内容，对学生进行更多的个性化教学。教师的教学活动和学生的学习活动不再以课堂为中心。这是对传统课堂教学模式的重大变革与重构，所有慕课式教学的参与者，包括教师、学生、教学管理者等，都应该直面并接受这种教学模式的变化。

对慕课式教学的一个常见认识误区是试图将课堂教学模式的流程和要求原样照搬到网络学习空间中，这种思维是很典型的生搬硬套，其根源是对课堂教学模式的惯性思维。这种思维把课堂教学等同于教学，特别是对课堂教学中“仪式化”的授课形式有着较为片面的认识，认为只有通过课堂中“教师讲、学生听”的仪式感强烈的教学形式，才能保证教学效果。课堂教学的“仪式感”并非不重要，主要是在中小学生纪律意识的形成阶段规范其行为，使其养成良好的课堂学习习惯。在大学阶段仍然一味强调课堂教学的“仪式感”，往往会适得其反，难以调动学生的学习积极性，甚至有可能影响学生实践意识和创新意识的培养。因此，在慕课教学设计中，如何在有限的线下教学课时中组织合理的教学内容，设计能够充分调动学生参与积极性的课堂教学或实验实训形式，是每位承担慕课式教学工作的教师需要认真思考的首要问题。

无论哪一类型的课程，线下课堂教学或者说是线下教学活动的设计都应该明晰的一个思路和目标是活动的“精品化”。或者换句话说，是发挥“仪式化”教学中的优点，通过设计和组织内容丰富、参与感强、令学生印象深刻的线下教学活动，使“仪式化”教学在时间和次数上压缩、精简，在内容和过程上提高质量，最终实现具有“精品仪式化”特点的线下教学活动，从而弥补纯线上慕课学习在人际沟通、交流、互动方面的不足，同时避免过多平淡的、千篇一律的、缺乏设计的“仪式化”课堂教学，使学生不会产生审美疲劳或觉得枯燥乏味。

## 第二节 微课教学模式

### 一、微课基础知识介绍

微课是指基于教学设计思想，使用多媒体技术在五分钟左右（不超过十分钟）的时间内就一个知识点进行针对性讲解的一段音频或视频。

具体来说，微课是指教师在课堂内外教育教学过程中围绕某个知识点（重点、难点、疑点）或技能等单一教学任务进行教学的一种教学方式，具有目标明确、针对性强和教学时间短的特点。在教育教学中，微课所讲授的内容呈点状、碎片化特点，这些知识点可以是教材解读、题型精讲、考点归纳，也可以是方法、经验等技能方面的知识讲解和展示。微课是课堂教学的有效补充形式，不仅适合移动学习时代知识的传播，而且能够满足学生个性化、深度学习的需求。

#### （一）“课”和“微课”

课是有时间限制的、有组织的教学过程的单位，其作用在于达到一个完整的然而又是局部性的教学目的。与“课”的概念相对应的“微课”（微课程）是从“翻转课堂”中延伸出来的新概念。微课程主要使用微视频作为记录教师教授知识与技能的媒体，教师还可以根据不同学科和不同教学情境的需求，采用其他方式，如音频（录音）、PPT、文本等格式的媒体，不一定局限在微视频格式。

#### （二）微课的组成

微课的核心组成内容是课堂教学视频（课例片段），同时包含与该教学主题相关的教学设计、素材课件、教学反思、练习测试及学生反馈、教师点评等辅助性教学资源。它们以一定的组织关系和呈现方式共同“营造”了一个半结构化、主题式的资源单元应用“小环境”。微课既有别于传统单一资源类型的教学课例、教学课件、教学设计、教学反思等教学资源，又是在其基础上继承和发展起来的一种新型教学资源。

## 二、微课的制作标准及方法

### （一）前期录制要求

（1）课程时长。每课时长以5～10分钟为宜。

（2）录制场地。录制场地应选择教室、录播室等授课现场。要求录制现场安静、整洁、光线充足，避免在镜头中出现有广告嫌疑或与课程无关的标识等内容。

（3）课程形式。成片统一采用数字音视频形式。

（4）录制方法及设备。计算机、耳麦（附带话筒）、视频录像软件、PPT软件。

### （二）后期制作要求

（1）片头与片尾。片头、片尾不超过10秒，片头应包括年级、版本、学科和课题名称、教师姓名、教师职称、单位（学校名称标志）等信息；片尾包括制作单位、制作人员、录制时间等信息。

（2）删除与教学无关的内容。

（3）全片图像同步、稳定，无抖动跳跃，色彩无突变，编辑点处图像稳定。白平衡正确，无明显偏色。

（4）声音清晰，立体声双声道录制。教师讲课、学生发音和音频课件等声音清晰，音量适中，无外界噪声干扰，声音无明显失真、过大或过小现象。

### （三）音视频文件要求

（1）视频压缩格式及技术参数如下：

①视频画幅宽高比：分辨率设定为720×576的，建议选定4∶3；分辨率设定为1024×576的，建议选定16∶9。

②视频帧率为25帧/秒。

③扫描方式采用逐行扫描。

(2) 采用MP4格式封装。

(3) 使用标准字幕。

# 第三节　翻转课堂教学模式

## 一、翻转课堂的兴起、发展及应用

翻转课堂是一种依托信息技术的新型教学模式，以微课、慕课等教学模式为重要辅助的一种教学形式。它的出现和发展离不开网络和多媒体信息技术的全面迅猛发展。翻转课堂的出现为大学课堂教学改革提供了新的途径。

有学者认为，所谓翻转课堂，就是教师创建视频，学生通过登录网络教育平台在线观看网络视频中教师的讲解，完成任务清单中的学习任务，课堂上师生面对面交流、答疑和完成作业的一种教学模式。

在翻转课堂中，学生在课外观看微视频代替教师的课堂讲解，课堂上完成练习并与教师、同学进行讨论、协作、交流。翻转课堂的知识接受在课外通过自学完成，知识内化则在课堂上通过协作、互动等活动完成。它彻底颠覆了传统教学过程中的课内传授知识、课外内化知识的教学模式，改变了“传递—接受”式教学方式，为课堂教学注入了新鲜血液。

一些学者认为，所谓翻转课堂，就是在信息化环境中，课程教师提供以教学视频为主要形式的学习资源，学生在上课前完成对教学视频等学习资源的观看和学习，师生在课堂上一起完成作业答疑、协作探究和互动交流等活动的一种新型教学模式。也就是说，翻转课堂是信息技术支持下，教师在课前提供教学视频等资料给学生作为学习任务，学生在课堂外进行自主学习，实现基本知识的传递，在课堂上，学生通过自主探究、合作探究、师生互动等形式进行知识内化的一种教与学的形式。

翻转课堂最基本的做法是把传统课堂上的知识传授转移到课外，课堂时间用于解答问题和深化理解。这样做有几方面好处：节省授课时间；满足不同个体的需求；增加了师生、生生间的互动交流。

目前，单一的传统教学模式已经难以满足人才培养的要求，翻转课堂作为一种新型教学模式，为大学课堂教学改革提供了一条新路径。

## 二、翻转课堂与传统课堂的对比研究

国内外学者对传统课堂教学模式与翻转课堂教学模式进行了一些对比研究，研究发现，两种课堂教学模式存在着明显差异，具体体现在教师角色地位与学生角色地位、课堂教学形式、课堂时间分配、课堂教学内容、教学手段的应用及教学评价等方面。

翻转课堂与传统课堂最主要的区别体现在学生与教师的地位以及他们在教学活动中扮演的角色上。从学校诞生以来，课堂教学基本遵循着教师在课堂上讲、学生在教室里听的模式。在这种课堂教学模式下，学生成了课堂上的“录音机”，教师主宰着知识和课堂，学生不用动太多脑筋，教师就会把要学的知识灌输给学生。

翻转课堂对学生的意愿很重视，学生成为学习的主体，主动探究知识，与同学、教师一起研究学习中遇到的问题。在翻转课堂中，学生必须主动参与学习，教师成为学生思想的引导者、学习的促进者，而不再是知识的权威者与拥有者。

从课堂教学形式方面来看，传统课堂采用课中教师讲解知识、课下学生独立完成作业的教学形式。在这种教学形式下，学生成了课堂上听教师讲课、课下完成作业的“机器”，师生互动在课堂教学中所占的比例很小。在翻转课堂里，学生在课前通过各种途径完成知识的学习，对知识有一定理解，在课堂上针对本节课的主题与自己在课前学习留下的疑问与同学和教师进行探究学习。

在课堂时间分配方面，传统课堂与翻转课堂迥异。在传统课堂里，课堂的大部分时间用在教师对知识的讲解上。在翻转课堂里，讲课和家庭作业两个元素被翻转。教师让学生观看分配给他们的视频课程，在结束时对学生是否掌握视频中的知识进行测验。下次上课时，教师和学生一起分析与讨论视频中的测试题和问题。也就是说，课堂的大部分时间用于师生、学生间的互动式学习。

在课堂教学内容方面，传统课堂教学中教师在课堂上的主要任务和中心环节是知识的传授和教学活动的组织，学生接受知识成为学习活动的中心。因此，课堂由教师主宰，学生为应试而学习，把“知识”作为研究对象，而不是在活动中构建知识。翻转课堂从人发展的角度看待知识，把学生作为知识的真正认知主体，学生不是像仓库一样“存储”知识，而是在课堂上动手或进行协作活动以主动探求知识的意义。翻转课堂让学生成为学习的主人，自主性学习与合作性学习等教学手段在课堂上的广泛应用让学生实现了真正意义上的主动学习。

教学评价是教学模式的关键因素，不同的教学模式所持的教学理念与评价的方法也不相同。在传统课堂上，传授知识是教师的主要任务，掌握知识是学生主要的学习活动，相应的教学评价也是为实现这一目标而服务。传统的教学评价多采用纸质试卷来测验学生的学业表现，以纸质测验的结果来评价学生的整体发展。

当今的课堂教学提倡素质教育，教育界也力图改变传统的评价方式，但是在传统教学模式中，教育思想并未改变，在此前提下所做的评价方式的改变也只是小修小补，不能带来实质性改变。传统的纸质测验只能评价学生对知识掌握了多少，而无法评价学生在学习过程与方法、情感态度与价值观等方面的发展。翻转课堂并不否认传统的纸质测验，而是把它作为教师了解学生知识掌握程度的手段之一。翻转课堂是基于现代科技的课堂，它从多维度、以多种方式对学生的各方面进行综合性评价，有利于真正实现学生的全面发展。

从以上分析可以看出翻转课堂的优势。在此模式中，因为课堂讲授的内容是视频形式，教师可为大多数学生提供学习机会，满足不同学习进度的学生的需求，如果学生一次听不懂，还可以反复观看。技术融入课程使得教师的许多教学活动变得高效，例如，对学生学习情况的实时监测、及时调整教学计划等。学生必须在课前主动观看教学视频，这样才能有效参与课堂活动。

翻转课堂作为新的教学模式，与传统教学模式的不同可以通过表 4-1 体现出来。

**表 4-1　传统课堂和翻转课堂的对比**

| | 传统课堂 | 翻转课堂 |
|---|---|---|
| 教学方法 | 教师为传授中心，重心在于单向信息输送，学生参与度很低，主要是被动接受知识 | 在网络平台环境下，师生双向交流，共同参与教学过程，学生主动获取知识 |
| 教学内容 | 在预定的教材框架内操作，不能满足学生的不同需求 | 根据学生的兴趣、需求，灵活调整教学内容 |
| 教学资源 | 教材及一些相关纸质资源 | 多媒体资源、网络资源、慕课资源 |
| 教学信息 | 教师根据课程性质做准备，给学生展示 | 由学生承担相当部分的分析、处理、展示与交流任务 |
| 学习进程 | 缺乏激情，模式呆板 | 在互动中构建知识，在参与中引发激情 |
| 教师角色 | 教导者、设计者、控制者 | 参与者、引导者、管理者、组织者 |
| 学生角色 | 单向接受者及被动学生 | 活动参与者及主动学生 |
| 教学评价 | 依据期末成绩及平时表现（出勤、课后作业、课堂表现），主要是定量分析方法 | 测试结果（形成性测试、期末考试）和教师布置任务的参与度、创意贡献等主要是定性和定量相结合的方法 |
| 知识状态 | 知识是静态的，知识的存储往往是暂时的 | 知识是动态的，随着学生的全面发展而不断更新 |

当然，翻转课堂同样存在着挑战和有待解决的问题。比如，在一些地方，观看视频可能会受客观条件的限制，如设备、网络等。视频制作是非常耗时的，教师需要充实自己的知识，或者聘请专门的视频制作人员来帮忙，会耗费大量财力。另外，一些学生还是比较喜欢面对面的授课方式，觉得视频授课的真实感不强，会被其他东西吸引，从而转移注

意力。课堂的组织也是教育工作者必须深入研究的问题，如何组织和准备课堂活动才更有效，这需要理论支撑和实践经验的积累。另外，如何保证学生观看教学视频也是一个关键问题。

## 三、基于网络教学平台的翻转课堂教学优势分析

就翻转课堂教学模式的组织来讲，可以通过邮箱等通信工具直接把教学视频发送给学生，让学生在家或在宿舍观看学习，但更多的翻转课堂是基于网络教学平台来实施的。我们首先应该认识到使用网络教学平台翻转课堂的优势。

随着现代化信息技术的发展，人类社会迎来了大数据时代，给不同行业的发展带来了巨大的冲击。各行各业为了适应新时代的发展需求都不断创新，积极推动本行业的大力发展。在此背景下，大学课堂教学面临的不仅是机会，还要接受其带来的挑战。

近年来，基于网络的资料让英语教学中的材料变得更为丰富，教师可以借助网络媒体获取资料，并将其应用到英语课堂教学中，从而辅助英语课堂教学。这些资料大都内容丰富、生动，运用在英语教学中可以构建具体语境，使学生在新鲜材料的帮助下以新的方式学习英语。

这种新型的习得模式与传统教学相比，除了能够让学生习得语法外，还能够为学生构建起真实、具体的语言环境，打破传统语法的禁锢，借助丰富的语言信息资源为学生提供生动的例子。比如对语法的学习，教师可以在现代信息技术手段的助力下，营造与语法信息相对应的情境。英语的运用由于有了与具体、真实、丰富的语言相关的信息材料而变得新颖起来，英语学习与语言习得真正联系起来了。

基于网络的人机交互、即时反馈是网络教学平台的显著特点，是其他单一的媒体或通信工具所缺乏的。网络多媒体计算机把电视机所具有的视听合一功能与计算机的交互功能结合在一起，形成一种新的图文并茂的、丰富多彩的人机交互方式，而且可以立即做出反馈。这样一种交互方式对于教学过程具有重要意义，它能够有效激发学生的学习兴趣，

使学生产生强烈的学习欲望，从而形成学习动机。交互性是多媒体计算机所独有的。现在，多数计算机已经联网，正是因为这个特点，使得多媒体计算机不仅是教学的手段方法，更成为改变传统教学模式乃至教学思想的一个重要因素。

在传统的教学过程中，教师起着决定性作用，教学内容、教学策略、教学方法、教学步骤甚至学生做的练习都是由教师事先安排好的，学生只能被动地参与这个过程。在互联网环境下，学生可以实现个性化学习，既可以基于自己的学习水平选择学习内容，也可以选择适合自己水平等级的习题。学习的方式由单向学习转变为交互式学习，如通过平台进行小组讨论等。

在交互式学习环境中，教师不是把一切安排好，学生的选择空间扩大，学生的内在学习动机被激发，主动参与学习的可能性增加。根据认知学习理论的观点，人的认识不是外部世界直接给予的，而是外界刺激与人的内部心理过程相互作用产生的结果。因此，只有学生的主动性、积极性被激发，他们才能获得有效的认知。这种主体的主动参与就为学生主动性、积极性的发挥创造了良好的条件，即能真正体现学生的认知主体地位。

# 第五章 线上线下混合教学模式在大学英语教学中的创新应用

## 第一节 线上线下混合教学模式的教学理论

### 一、线上线下混合式教学的理念

混合式教学中的学生是学习活动的主体。他们既要在线下与教师面对面地进行课堂学习，又要通过线上学习获取课程资源。混合式教学更多地“以学生为中心”来构建教和学的环境，要求教师的角色从“传道授业”的讲授者向以“解惑”为主的引导者转变。学生通过自主学习、反复学习，与教师和其他同学互动交流而获得知识，从而培养自己学习的主动性、自觉性和创新性。

对于主动式学习和被动式学习，学生的体验是完全不同的。前者是积极的、主动的、高效的，而后者是消极的、被动的、低效的。主动性原则是指任何教学方法的采用都要以激发学生的主动性为原则。传统的课堂教学过于强调教师传授知识的系统性和权威性，而不注重学生自主学习意识和自主学习能力的培养。教师在设计线下课堂教学的时候，要采用类似“对分课堂”“翻转课堂”的方式，以线上教学为牵引，将知识的内化放到课堂上，带领和引导学生进行主动地思考和讨论，并通过竞赛等方式刺激学生进行自主学习。

实体课堂与线上教学的结合突破了传统实体课堂的局限，弥补了线上教学的不足。线上教学的模式是完全的在线自主学习，缺乏有效的教师指导；教师与学生不能进行面对面交流，难免存在一些沟通的障碍。而这种两条主线的教学模式，充分考量线上与线下并行的关系，两条渠道各取所长，较以往各类网络教学，是一种创新。它由传统教学中以教师为中心转变为以学生为中心，教学效果将主要从学生的角度进行考查，充分采集来自学生的信息，监督、测量其数据并加以提炼运用。新型教学模式中，充分运用数据挖掘和学习分析技术，在深入挖掘数据的基础上进行详尽的学习分析，查找各要素间的关联，使整个教学过程得到进一步的优化。

## 二、大学英语线上线下混合教学模式的特征

从形式看，大学英语线上线下混合式教学是将传统的“人与人”面对面线下教学和“隔屏幕”基于互联网的线上教学混合应用，从内涵上看，则存在以下两个根本特征。

第一，“混合”的直接目的在于“融合”。英语混合式教学并不仅仅是将线下授课的 PPT 和作业布置放置到网上，简单意义上实现线上学习过程和传统课堂教学过程的“混合”，重点在于将线上可以“任何时间、任何地点”进行教学的优势，与线下教学的“当面直观、互助深入”的优势相融合，从而发挥线上教学与线下教学各自的优势，并克服各自客体存在的不足。这种融合应该包括线上教学与线下教学过程的融合、教学手段的融合、考核内容的融合等。

第二，“混合”的最终目的在于“提高”。大学英语进行线上与线下教学方式混合的最终目的，不在于为学生提供获取关于英语学习资源的更多途径，而在于真正促进学生的英语学习效果。因此，检验混合式教学成果的最终标准，一直都不在于线上资源的多少或者线上教学课时和线下教学课时的比例，而在于学生在线上、线下学习阶段后的效果。

## 三、线上线下混合教学模式在英语教学中的应用

线上线下混合教学模式运用于英语教学之中，教师可以真正随时随

地为学生提供教学，学生也可以随时随地进行学习，突破了时空限制。通过对学习内容或者学习时间进行分割，使学生对学习内容进行碎片学习，这样的学习方式称为碎片化学习，十分符合英语这一学科的学习需要。教师还可以为学生提供个性化的学习资源，根据学生的个人情况进行个性化教学，从根本上提高学生的学习效率和学习积极性。在线上线下混合教学模式之下，教师可以将教学内容用先进的、新颖的方式呈现出来，从各方面进行英语渗透，学生的学习环境得到极大的改善。英语作为一门语言类的学科，有一个好的语境对于学生学习来说是非常重要的。运用线上线下混合式教学模式进行教学，能够为学生学习英语语言创造一个真实的语境，在真实的语境中，学生更加容易理解所学知识，也能够将所学知识更好地运用到实际中来。除此之外，线上教育平台的在线教育论坛为师生之间的交流提供了互动平台，学生通过这一社交平台可以在线上同教师和同学展开讨论，教师也可以在线对学生进行课业的考查，教师与学生、学生与学生之间可以进行学习心得的交流，学生在教师的引导下逐步构建起语言知识架构，建立起对英语学习的敏感性，提高自身的英语素养，获得质的进步。运用线上线下混合式教学模式进行教学，其所构建的教学小课堂内容丰富多彩，在这里，学生可以提出疑难问题并及时获得解决，还可以利用多种教学方式进行学习，学生对于英语学习的积极性不断提高。

在学习实践过程中，运用线上教学能够获取英语语言知识，构建在线学习社区。线上教学模式将学习过程中的课文导入、句子讲解等学习内容都融入教学视频之中，学生可以根据自身的时间安排随时随地进行学习，还可以凭借自身的喜好或不足之处选择视频内容，使学习过程变得更加灵活，为其个性化学习提供了可能。线上教学模式实际上是对传统课堂教学模式的一种改革和补充，线上教学将与学生现阶段相适应的教学内容和教学资源进行整合，作为课堂教学的一种补充，线上教学与线下教学相辅相成，共同为提高学生的英语素养做出贡献。利用线上线下混合教学模式，教师还可以对学生的学习进行线上的监督，对于学生的学习情况和课业完成情况进行评价，遇到疑难问题，教师可以在线上为学生进行解答，学生也可以同其他学生一起进行学习经验的分享和总结，实现共同进步。传统的课堂教学中，教师所传授给学生的知识是有限的，并且脱离实际生活，教学缺乏趣味性，但是在线上线下混合式模式下，线上小课堂对于线下课堂的知识进行了扩展和延伸。许多课堂上难以接触到的知识，学生可以在线上自主学习，不仅节省了教师教学时间，减轻了教师的负担，还拓宽了学生的知识面。线上小课堂的教学也更具趣味性，运用科学技术可以实现许多线下课堂不能实现的特殊教学方式。线上模式下小课堂的构建能够系统性、有针对性地将教学内容分为多个小课堂进行教学，每个小课堂的内容较少，满足了学生对于碎片化学习的需求，并且使得学生学习更具有针对性，学生学习起来也更加方便。大学英语的教学本就是基于英语课堂为学生提供探索知识的场地，而不仅仅是单纯的知识输出，因此线上小课堂正好适应了大学英语教学的这一需求。教师可以合理利用小课堂教学模式对学生的学习成果进行检验，学生也可以对教师的教学效果进行打分和反馈，以便于教师进行教学方式的改进。在这样的模式下，教师的教学水平得到不断提升。

想要从根本上提高学生的英语学习能力，就要从多方面入手，不断提高对于知识的综合运用能力。学生在传统的课堂学习中往往无法学习到如何进行知识的运用，做不到知识的融会贯通，此时教师借助线上教学模式对学生进行多方面的培养，使学生在学习过程中能够接触到更多的实践知识，将理论同实践结合起来，也有更多的机会进行口语练习的模拟训练，让学生真正能够将所学习到的知识转化为能力并熟练运用。线上教学作为线下教学的一个补充，可以更加丰富课堂内容，加深课堂内容的深度，在这样的教学方式之下，学生能够全面提升英语学习和运用能力，成为高素质的英语人才，为社会做出贡献。

传统教学中知识资源流动缓慢，且存在时滞，导致师生之间的信息交流不畅，不利于教学。而应用了数据挖掘和学习分析的互联网教育平台，创造了实时、快捷的信息交流渠道，能够进行全面、深入的数据挖掘与分析处理。事实证明，线上模式的信息流动有力地促进了学生和传授者之间的沟通了解，方便学生掌握学习英语规律，从而优化学习英语过程，提升学生英语学习效果，使教学质量的提高成为现实。

## 四、混合教学模式的教学形式与学习形式

### （一）线下教学

线下教学，教师要针对每一位学生提出适合的学习方案，经过综合分析学生的特征、英语学习上的短板以及学习英语的难点，为他们量身定制学习计划。教师应将总体的教学目标细分为不同的具体的阶段，因材施教，根据每位学生的能力设置每个阶段的阶段目标，在此阶段目标基础上，教师可以制作不同话题的微课，要求微课的内容要具有鲜明的主题、清晰的线索、新颖的教学方式，从而提高学生的学习兴趣，保证学生思路的完整性，提高课堂教学的效率。

### （二）线上教学

教师可以利用互联网各大英语教学资源平台进行线上教学，并为学生在线提供同教学内容相符合的教学资源视频。为了增强学生在线学习的自觉性，教师可以为学生设置在线学习任务，并对完成情况进行检验；也可以将视频中的教学重点以提问的方式进行呈现，在平台上发布讨论，在激发学生学习英语的兴趣的同时增强学生对知识点的记忆与掌握；还可以利用平台组织在线答疑、在线交流，处理学生对知识点的困惑，并对学生的学习情况进行在线评测。为了及时了解学生学习过程中存在的问题，教师可以利用平台建立问题反馈机制，学生也可以对平台的优化提出建议，促进教学进步。

### （三）线下学习

在线下，为了增强学生的学习能力、英语应用能力，教师要积极鼓励学生参加各种朗诵比赛、演讲比赛以及微型沙龙与论坛等，加强学生

之间的交流互动，提高学生的表达能力，让学生感受到浓厚的英语学习氛围，充分培养学生学习英语的习惯。教师还可以组织学生进行讲述个人学习经验、各阶段学习汇报、相关比赛成果展示、自我评价与认识、小组互评及教师评价等活动，促进学生吸收知识，同时还可检验学生的英语学习情况。

## （四）线上学习

教师可以通过平台后台看到每位学生的学习时间，学生也可以通过平台进行线上学习，在平台上获得想要的海量学习资源。学生可以在课后通过在线视频进行二次学习，对不理解的知识点进行巩固，加强学习效果；还可以通过在线测试更加清晰地了解自身学习的薄弱环节，并进一步进行巩固学习。教师可以通过奖赏制度、分数制度等类似监控手段激发学生的学习热情。

学生的线上学习不是学生自己的事情，对教师而言就是线上教学，是课堂地点上的转移，需要教师加倍付出和思索。和课堂教学一样，线上教学也需要教师的有效监管，进行备课，并通过设计一些有吸引力的活动和互动，尽可能地正确引导学生目标明确地进行线上学习，这是线上线下混合教学模式成功实施的关键所在。因此，大学英语线上线下混合教学模式必须以教师引导监控的主导作用为中心，教师结合学科特点和自己的教学经验，构建受学生欢迎的线上教学模式。

参与混合式教学的线上教师，应从传统的知识传授者、灌输者转变为课程的开发者和资源的设计者与提供者，这样的角色转换，对于教师的要求很高，他们必须对课程十分熟悉，有非常丰富的任职经验，擅长抓住学生的兴趣点。从教学大纲的梳理到知识点的划分，再从片头的构思到教学内容的录制，每一个环节都需要教师倾注大量的心血。建设一门网络课程并不是简简单单地去录播教室录制，甚至比在传统课堂筹划、讲授一门新课程挑战更大。面对摄影机，没有学生的回应，教师在每一个环节的调动显得十分重要。线下教师就不需要再对课程进行详细介绍和解释，主要针对线上教学进行引导、答疑、重难点分析和总结，

解决学生线上学习时遇到的困难和问题，以及学生对于课程学习的反馈。线下教师应该重点关注“如何促进学”，教学过程中强调提高学生学习的积极性和热情。总而言之，不管是线上还是线下教学，都必须以教师引导监控的主导作用为原则进行教学活动。

## 五、混合教学模式的实施要求

线上线下混合式教学要坚持以“学生为中心”的教育理念，构建良好的教学环境，要求教师的角色从“传道授业”的讲授者向以“解惑”为主的引导者转变的同时，要激发作为主体的学生学习的主动性、积极性和创造性。学生可以通过自主学习、反复学习，做到在与教师和其他同学互动交流的过程中获得知识，从而培养自身学习的主动性、学习的自觉性和对于知识的创新性。教师在网络课程中所担负的工作，可以粗分为线上教学内容的设计及线上学习的带领。线上教学只是整个网络课程教学工作的一部分，可与其他网络的及非网络的课程活动相搭配，在课程教师的安排与管理下，共同完成课程教学的目标。

当教师带领学生在网络上进行教学互动时，会有许多种不同的形式，这时线上教师的主要工作并不是要在有限的时间内对学生进行单向课程讲述，而应该对学生进行指导、协助、答疑解惑、激励反思。学生能提出问题、思考、建构、巩固线上教学议题，教师应对学生的学习进度及成果做出评价与反馈，以有效完成课程的学习目标。

传统课堂教学是以教师为中心，教师处于教室正中间，扮演着知识的传播者的角色。教学就是由有知识的教师传播经验给想学习知识的学生的过程，即使是课堂讨论，仍然是以教师为主要资源核心。而在网络上进行线上教学时，这个线上教师的角色与职责，不同于教室上课讲述的教师，甚至与一般在教室中带领学生讨论的主持教师也不同。网络教学中强调的是以学生为中心，要学生主动地上网自学，教师只是在旁协助、咨询、辅导、激励。由于学生是以自学为主，又是通过网络媒体来进行虚拟学习，所以在线上教学过程中，会有许多有关课业疑难、人际关系、信息技术的问题产生，这些都需要线上教师的帮助。

线上教学对学生有两个明确的要求：一是明确自身的学习目标，即学生要清楚自身需要获取什么知识，什么知识对自己有利，获取多少知识后是优秀的，以及清楚检验知识水平的方式和方法；二是明确学习行动，即学生要明白获取知识需要哪几个步骤，需要先完成什么、后完成什么。

在大学英语学习方面，首先，学生需要明白学习任务单上的每个学习目标。学习任务单中介绍了本单元学习的目标和详细的考核方案，展示的是一幅学习途径蓝图。该图应该以活动图的形式详细介绍学生的学习攻略和技巧，让学生达到学习目标和行动方案“双明确”，以此提升学生学习的信心。接下来，学生依据任务单中的学习步骤开展学习活动。简而言之，一般是学生观看自身感兴趣的视频，然后将视频或者其他学生的学习经验应用于实际案例中，将所学知识落实，完成教师布置的线上测试。

其次，对于学生上传的作业，学生之间按照教师设定的评分标准和规定指出不足之处，针对一些存在的问题开展连线研讨。教师再根据个人教学经验，尝试寻找解决问题的方法，相互学习，时刻关注学生的动态，保证学生的学习自觉性。每位学生将通过查找资料、相互帮助之后还没有解决的问题记录下来。学生通过这般自我学习和互动学习以后，对知识和技能的理解、掌握已经上升到了一个新的高度，这时候就需要开展一些实质性的活动，将知识进行实际应用。大学可以开展英语角、演讲比赛、给电影配音等活动来检测学生的学习成果，为教师线下课堂教学设计提供良好的参考。好的线上模式的教学，也可以促进线下模式的教学有序进行。

最后，学生应进行学习情况的自我总结，包括已经掌握的知识和技能点、待解决的问题、学习经验等。这一阶段，需要教师的奖励措施或是加分政策辅助进行。自我总结部分，往往很多学生会忽略，尤其在学习英语的环境下，学生作为主体的积极性、自觉性显得十分重要。教师施以奖励措施，可以提高学生学习的主动性和自觉性。

在大学英语线上线下混合式教学中，学生是学习活动的主体，他们既要在线下与教师面对面进行交谈，又要在线上寻找多方面不同内容的教学资源。线上学习活动基本不受时间和空间的限制，学习环境建设不仅方便个人学习，还可以通过协作互动式学习形成与教师和同学间沟通、交流的新型学习环境。线上学习要求学生改变传统的学习观念和学习方法，从传统的接受教师讲授为主转变为自主学习为主，从传统的课堂听课为主转变为线上自主学习为主。学生需要主动观看视频，积极参与讨论、答疑、练习、作业等一系列的学习活动。学生在转变的过程中，要具有很高的自觉性、主动性和创造性，如此，便能够提升英语综合能力。教师对于最终考试结果由线上、线下所占比例进行评分，以确保线上线下混合教学模式的有序进行。

## 第二节　线上线下混合教学模式的类型

### 一、线上与线下的混合

混合式教学包含两个教学环节，即线上教学环节和线下教学环节。线上教学是指借助现代信息技术和网络技术，教师通过网络平台，为学生提供线上教学资源，供学生在课外进行自主学习。线下教学即面对面课堂教学，是指教师针对教学的重点和难点，以及学生在线上学习过程中产生的疑问进行面对面辅导及深入讲解，以促进学生更好地理解知识、掌握知识和应用知识。然而，混合式教学并不是线上教学和线下教学两种教学形式的简单组合，而是需要运用新型教学方式，使二者进行有机地结合并产生优势互补效应。

近年来，借助现代化网络技术条件，以微课和翻转课堂为主的新型教学方式被广泛接受和运用。微课和翻转课堂的使用打破了单一课堂教学格局，让学生通过微课学习新知识后，再返回课堂进行知识的应用。微课以视频教学为主要载体，针对某个知识点或教学环节开展线上的教与学活动，既能满足学生个性化学习和多样化的发展需要，也能达到推动学生开展探究性学习的教学目标。

先线上教学再线下教学的混合教学模式，并不是说双线平行实施，不需要交集。要真正发挥混合式教学模式的作用，必须将线下教学与线上教学这两个环节进行深度融合。在线上教学基础上逐步展开自上而下、自下而上的双线交替式教学，真正突破传统课堂教学模式，从本质上实现混合。本文所指的线上线下交互式教学，是指借助双线交互载体，实现线上交互与线下交互为一体的新型混合式教学模式。这种教学模式的实施一方面能提高学生通过微课等线上教学资源实现自助式学习的有效性；另一方面能通过现代信息技术和教师教学技能的有效整合，点燃学生主动参与讨论、深入探究问题的激情，实现线下教学的多向互动和多元互动。将线上、线下两个教学环节融合并贯穿于整个教学的全过程，需要结合混合学习的特点，通过构建线上线下交互教学系统，创新混合式教学模式，如此才能达到培养具有实践能力和创新能力的人才的目标。

### （一）整合线上教学的知识点

通过线上线下交互系统，将线上教学和线下教学进行有效结合，能使微课中已碎片化的知识点得到系统整合，经过师生之间、学生之间面对面的交流互动，克服微课教学单向传播的局限性，实现在交互式教学中达到知识内化的目的。

### （二）推进线上与线下的深度融合

依托线上线下交互系统，将线上与线下两个教学渠道打通，使教学活动在线上与线下的深度融合中交替展开，能克服线下教学难以有效互动的困难，实现在微课知识的应用和实践中增强对知识的理解和掌握。

### （三）提升混合式教学的实效性

教师通过线上线下交互系统中各功能模块的设置及应用流程的设计，促使学生积极主动地开展各种形式的交互探究活动，培养学生发现问题、分析问题和解决问题的能力，提升混合式教学的实效性，实现在问题探究中达到培养应用型人才的目标。

## 二、“学”与“习”的混合

利用SPOC（Small Private Online Course，小规模限制性在线课程）教学资源平台进行线下教学，教师要综合分析学生的特征、英语学习上的短板，并为他们量身定制学习计划，将总体的教学目标分为不同的阶段，并设置每个阶段的阶段目标。在此基础上教师可以制作不同话题的SPOC平台微课，微课的内容要具有鲜明的主题、清晰的线索，运用新颖的教学方式，从而激发学生的学习兴趣，提高课堂教学的效率。微课的制作可以选取有经验的教师进行真人拍摄，也可以进行录屏，对学习内容进行单词拓展、难句分析、课文讲解、文化对比欣赏等，为学生学习建立起一个系统的学习网络。

最常见的“学”与“习”混合模式类型的课堂，以当下流行的翻转课堂为代表。它实现的是两种教学方式的有机结合，即线上教学与面对面教学的有机结合。线上教学侧重学生的自学，教师可以提供微视频、课件及相关电子书等教学资源，由于这些资源可以重复使用，所以学生不明白的时候可以反复阅读，直到理解为止。这种相对宽松的学习氛围，让学生更主动地学习，不懂就学，学不明白便记录下来，有的放矢，没有压力地接受新知识，学生感觉非常轻松，也有足够的时间独立思考问题、分析并解决问题，为课堂学习做好充足的准备。

# 第三节　线上线下混合教学模式的主要内容

## 一、教学原则

教学方式应遵循的原则，是指教师在设计线上和线下教学活动时应当遵循的准则，主要包括“RISC”原则、“OBE”原则和系统性原则。

### （一）“RISC”原则

RISC（Reduced Instruction Set Computing，精简指令集）是一种简约的设计思想，在这里用来表示教师在设计线上课程内容时要遵循的原则。线上课程为了方便学生观看和自主学习，通常是以微课的形式出现，时间不超过 15 分钟，因此每次微课的内容应当高度聚合，并且能够在规定时间内讲清楚。在对传统课程内容做细粒度划分的时候，应当尽可能地将课程内容分解为相对独立的内容进行线上教学。

### （二）“OBE”原则

OBE（Outcome Based Education，成果导向教育）是指基于学习产出的教育模式，这里表示教师在设定教学目标和评价方法时应当遵循的原则。因为教学活动通常是一个较长的过程，如何用合适的、具有可操作性的评价方法对教学过程进行评价是教学工作中必不可少的环节。线上线下混合教学模式涉及线上和线下，因此对线上和线下教学效果的评价要具有一定的可操作性，将学生所学到的知识、具备的能力和职业素养等一系列能够评定的学习产出定义清楚，并以此为目标反推教学活动应采用何种考核方式、何种教学方式，以及如何制订教学计划等。

### （三）系统性原则

线上教学和线下教学构成一种完整的教学体系，线上和线下的内容既可以是相互补充的关系，也可以是递进的关系，但对于一门课程来说，线上的教学内容和线下的教学内容要具有一定的完整性。一门特定的课程，并不是所有的内容都适合做线上教学，有些较容易理解的内容可以放在线上，让学生自主学习，而一些较为复杂、较难理解的部分则适合采用线上和线下相结合的教学方式。

## 二、教学体系

线上线下混合教学模式的教学课程通过聘请具有一定教学管理经验的教师建立线上虚拟班级，将授课内容拓展到课外（线上），学生通过网络平台上的微课、在线视频等新媒体，自主学习重点知识，利用课堂时间（线下）组织互动学习小组进行探讨、交流，以便完成知识的消化吸收，从而加强学生的自主学习能力，更好地促进学生协作沟通能力和创新能力的提升。大学构建的线上线下混合教学模式的教学课程体系能够打破传统课程的时空局限，颠覆师生的主体地位，使教学课程的开设具有开放性、体验性和前瞻性。教学课程体系的设计具有完备的要素，围绕课程目标、课程内容和课程要求三个方面对原有的课程体系进行解构，跳出学科体系的藩篱，对知识点进行模块化设计，精心择取、凝练、组织教学内容及其他环节，将各知识点进行重构、衔接，从而构成该课程完整的知识体系，将学习从存储知识的过程向应用知识、创造知识的过程转变。

课程资源是课程内容设计的重点。网络技术的发展对教育领域的影响不可小觑，教学课程便充分实现了“以多维化教学资源为中心”的课程内容。为了使以多维化教学资源为中心的课程内容达到最大优化，课程资源的设定应具备五个特征：一是基础性。纳入课程内容的知识必须是核心知识，所要推动形成的能力必须是关键能力，在整个课程体系中具有不可或缺的奠基作用。二是交互性。课程资源所呈现的逻辑结构和表现形式必须有利于学生学习，有利于师生、学生之间的良性互动。三是生成性。每一个课程单元就是一个课程模块，要让不同模块之间有机衔接，从而使优质资源达到有效利用。四是开放性。课程内容以多维化教学资源为中心，体现了课程内容的开放性，要选取优质的教育资源供学生学习。五是个性化。根据自己对知识建构的能力水平及个人兴趣爱好等，学生可以自主在网络平台上选择适合自身的学习内容，以激发其学习兴趣。线上线下混合教学模式的教学课程体系中对教学内容的安排，使教学内容呈现新颖性、灵活性、多维化等特点，这不仅符合大学生的学习需要，还将知识讲授、能力培养、素质提升融合于一体，颠覆了传统课程教学中“以知识为中心”的模式，实现了对传统教学模式的突破。

## 三、教学过程

### （一）教学前的准备活动

#### 1. 安排线上、线下教学活动

无论是线下教学还是线上教学，都已不再是单纯的知识与技能的传授，而是要以学生为主体，培养学生诸如信息处理能力、解决问题的能力、创造能力、学习能力、批判性思维能力、社会交流与协作能力等多方面的能力。在此目标指导下对知识进行划分，不同的知识与信息技术有不同的整合方法。

2. 建设线上平台学习资源

线上平台学习资源可以分为导学、案例故事、在线测试、辅导课等。导学主要介绍该课程的主要内容、教学方法、学习方法、考试形式等；案例故事视频是利用信息技术，利用网络教学平台的优质资源，挑选其中与教学内容相关的、重要的、新颖的案例，通过录屏、录播等编辑方式将其转化成可供灵活下载的视频；在线测试则是将重点、难点、考点转换成问题加以强调；辅导课内容主要是上课的课件，供没来的同学或没有听懂的同学反复观看。

### （二）教学中的组织活动

1. 指导使用学习资源

基于信息技术的教学改变了学生的学习方式，因此，教师要把对信息技术及资源的学习和应用考虑其中。学习资源包括教科书和网上资源。教科书的指导和使用一般主要通过面授课完成，班级自建资源中的导学资源给予辅助。网上资源的使用虽以网上学习为主，但仍离不开面授课的指导，告知学生各类资源的分布设计，梳理出相关的重点资源。例如，讲解一个知识点，可以借助网上资源，在指导学生使用资源的同时，帮助学生加深对知识点的理解。

2. 恰当选择教学策略

教学策略是为了达成教学目的，完成教学任务，在对教学活动清晰认识的基础上对教学活动进行调节和控制的一系列执行过程。恰当选择教学策略对教师有挑战性，在教学过程中会有突发情况的发生，教师要想恰当选择教学策略，就必须及时把握教学过程中的各种信息，及时获得反馈并调整教学的进程及师生互动的方式。教学策略有多种，没有一种适合所有情况的教学策略，要根据实际情况灵活应用。

### （三）教学后的评价活动

#### 1. 巧妙设计在线测试

在线测试是一种非常重要的学习资源。随着信息技术的发展，在线测试已经成为教学过程中实施形成性评价的有力工具，是信息技术与教学深度融合的又一举措。它可以让师生及时得到反馈，让学生了解自己对知识的掌握程度，让教师看到学生的学习情况，以便及时调整教学。

#### 2. 注意收集评价数据

教学活动要尽量做到形成性评价与终结性评价相结合。形成性评价主要通过统计出勤率、访谈、座谈、活动小结等方式进行；终结性评价主要通过总校数据的统计结果、出勤率趋势、学习心得、满意度测评、考试合格率等数据来反映。评价数据的收集和分析，一方面离不开学校的学习支持服务，另一方面，学生常用 QQ 和微信交流，这些社交软件已成为收集相关评价数据的重要渠道，而且更能真实地反映学生的情况，是教学交互和教学评价的有效补充。

## 四、课时分配

“翻转课堂”采用三段式的教学模式，将课堂教学主要分成课前、课堂上、课后三个阶段，在教学设计中将教师活动和学生活动两部分有机结合起来。关于课前、课后学习时间，对于学生来说，混合式教学中的课前在线学习及课后任务时间相较传统教学占用了学生更多的课外时间；对于教师来说，由于线下学习时间的碎片化及学生学习互动及反馈的随机性，要求教师利用课余时间来引导和参与互动及反馈。因此不管是对于学生还是教师，都意味着在课外环节需要付出更多的时间和精力。课前及课后时间要不要纳入标准学时内，如何计算标准学时，也是混合式教学需要进一步研究的问题。

### （一）线上：课前

课前教师的主要任务是选取教学视频，教师可以选取与教学内容相关的名师授课视频。如果找不到，教师可自己录制，通过理论讲解和操作演示，录制与课程知识点一一对应的5～15分钟的授课视频，帮助学生通过视频学习，对知识点在理论层面上有一定的认识，熟悉实际操作过程。接着教师针对视频设定相应的课前自主学习案例，帮助学生通过解答案例中的习题，加强学习的兴趣。学生在授课视频和阅读材料的帮助下，完成课前自主学习案例，并且通过线上的交流讨论，巩固知识点或提出新的问题。

### （二）线下：课堂上

课堂教学是师生面对面交流的最佳平台，教师在课前从MOOC平台掌握学生的课前预习状况和疑问所在，在课堂中就可以进行重点的分析讲解和解答，也可以组织学生进行讨论，采用课堂问答和主题演讲等形式，调动学生积极性，加深对知识点的理解。

课堂主题演讲时间控制在5～10分钟之内，演讲完成后其他学生可以提问，最后由教师进行提炼和总结。无论是主题演讲还是课堂讨论，教师的任务是把控讨论的主题，在自主讨论中积极引导学生按照既定方向进行，同时控制时间，提高课堂授课的有效性。在讨论中，学生必须是主体。教师在点评时，也要以正面表扬为主，从而调动学生的积极性和创造性。在课程实践环节，教师也可布置一些主题要求学生分组讨论。学生讨论的分组，完全按照自愿的原则，在完成分组后，选出一个组长，组长要负责主题拟定、组织交流、记录心得等工作，教师则要把握小组讨论的进程，适时指导。

### （三）线上与线下：课后

教师完成MOOC平台上未答疑问题的解答，并评定学生本知识点的学习成绩。学生线下完成教师布置的作业，在线上MOOC平台复习巩固已学知识，在作品交流分享、学习测试评价和总结分析中加深对知识点的理解。

## 五、教学效果

### （一）激发学习兴趣

无论是线上学习还是线下学习过程中，教师应做到及时反馈激励，进一步激发学生学习兴趣。尤其在线下课堂面授时，教师应先反馈线上学习情况，如每个学生的学习任务是否完成，完成了多少，作业或测试成绩如何等，同时反馈线下作业完成情况，及时点评并指导学生进行修改，要求他们及时查漏补缺，巩固本节内容学习等。及时的反馈能激励学生认真学习，并进一步激发学习兴趣。

### （二）提高学习效率

在传统课堂教学中，由于学习时间、地点固定，学习资源单一匮乏，教学效率不高，教师和学生都感觉比较累。线上线下混合式教学模式下，学生学习的时间与地点可以自由选择，学习资源与形式也十分丰富。一方面，这种模式满足了学生的需求，提高了他们的学习兴趣，为提高学习效率打下良好的基础；另一方面，即便教师不能亲临现场教学，也可以通过资源库平台和云课堂，遥控学生及时学习，解答学生的问题，指导学生完成相关学习任务。这样学生学习的信息量增加了，学习效率自然就提高了。以英语写作课为例，在该混合教学模式下，学生学习的英语作文的种类和数量都多了，相应地，学生会写的英语作文种类和数量也多了。

### （三）学习成效显著

线上线下混合式教学模式能够帮助学生形成课前学习、课堂提问、课后复习与巩固的行为习惯，使学生一直处于学习、询问、消化、学习的状态。主动学习的记忆效果远比被动接受的效果好，完成相关工作任务后能得到及时指导与修改，可巩固相关的技能；得到高分和教师的肯定也能够增强学生的学习兴趣和信心。

## 第四节　线上线下混合教学模式的基本要求

### 一、课堂内容要求

教学内容是课程教学的核心因素，教学内容的好坏对课程教学具有直接的影响。对此，线上线下混合式教学的过程中应对教学内容进行合理的编排。具体来说，可以从以下两个方面进行。

（1）综合考虑课程内容的整体性、时间的安排以及知识点的完整性等，对知识内容进行合理切割。

（2）根据课程的逻辑关系，合理编排微课程，使学生能够以轻松的心态进行学习。

## 二、教师团队要求

教师应不断地更新教案与课件，将教学与实时动态紧密联系在一起，使学生的学习需求得到满足。每个学生的个性特征及兴趣爱好等存在一定的差异，所以教师对教学资源的整合就显得特别重要。教师应该尽可能地满足绝大多数学生的需求，为学生答疑解惑，将课程的趣味性与理论性有效结合。因此，教师应具备较高的职业素质水平，能够将优质的教学内容通过科学的方式传授给学生，促进学生的理解，提升学生的学习效果。教师是线上教学的实施者和承担者。为此，教师应具有较高的专业知识和职业素养。首先，教师应该掌握本专业的丰富的理论知识；其次，应加强慕课技术的研究与掌握；再次，应提升自己的团队合作意识及能力。教师只有提高了自身的职业素质水平，才能使教学效果和质量得到保障，才能使学生在寓教于乐的学习中收获丰富的文化知识。

线上教师要同时满足四种角色职责，即教学者、社交指导员、项目经理及技术助理。教学者的角色是要为学生学习提供咨询、引导及学习资源；社交指导员的角色是要营造一个合作的学习环境；节目经理的角色是要对线上教学活动做组织、控制程序及行政支持的工作；技术助理的角色则要协助学生顺利操作线上教学的系统、设备，并解决学生遇到的技术困难。教师进行线上教学时，应根据情境要求分别扮演不同的角色。有的大学将网络课程的教学工作细分为教科书设计、教科书制作、教学讲述、带领讨论、作业评量等项目，分别交给不同的人员来负责，所以有的学者将这些分担不同职责角色的人员给予不同的称呼，如线上助教、线上导师、线上引导者、线上评量者、线上会议主持人、线上活动主席等。实际上，大部分大学往往没有可以聘用多个线上教学人员的优厚资源，教师要承担所有或大部分的线上教学工作。

## 三、技术要求

（1）提供一个支持师生利用计算机网络进行教学活动的有效环境，包括备课、授课、自学、讨论、答疑、作业、测验与考试等。

（2）为课程教学提供丰富的数字化教学资源，支持师生通过计算机网络共享有关的课程资料，包括课程大纲、教科书、讲稿、课件、作业、考题、参考资料和其他网络资源等。

（3）提供课程教学中的各种管理功能，如课程教师介绍、学生名册与简况、授课与作业计划、考试与评分方法、课程通知、学生注册与登录、测验与考试管理等。

（4）网络教学课程与课本文字教科书的本质区别在于其媒体表现形式的多样性、媒体间的互补性，以及教学活动中的交互性。在制作和应用网络教学课程的过程中应特别注意充分发挥多媒体的优越性，搜集、创作和利用各种图形图像、视频录像、声音、动画等素材，采用超媒体结构，并加强交互功能。

（5）网络教学课程建设必须注意版权问题。在网络教学课程中引用他人著作中的文稿、图像、动画、视频等素材，需特别注意版权问题，由此引发的侵权责任由当事人自行负责。

（6）网络教学课程建设的基本要求如下：

①资源建设。数字化资源是每门课程必须建设的基本内容，包括经系（中心、部）及学校审查认可通过的课程简介、教学大纲、授课计划、教师信息、教学讲义等基本内容。教学大纲、授课计划应按学校的规范要求编写。在基本内容完善的基础上，逐步完善电子教案、网络答疑等内容，并根据课程需要进行有针对性的网络教学设计，同时将与课程相关的课外资料、相关网站链接到课程网页，形成一整套基本涵盖教学全过程的网上教学资源。

②教学互动。教师在建设网络资源的同时，要积极加强网络教学的

应用，与学生在平台上开展课程的教学交流互动，并按照教学进度不断更新内容；要利用教学平台发布课程通知，布置和批阅作业，开展讨论、辅助答疑等，应要求学生经常登录网络教学平台，充分利用平台进行辅助学习；应及时掌握学生的网上学习状况。

③教学资源积累。教师要利用网络技术，收集教学相关的资源，丰富个人教学资源库、素材库。提倡教师联合开发、共享共用教学资源。

（7）为便于管理和考核，将网络教学课程按其建设和应用情况分为合格、优质两个等级标准。

（8）以“资源＋平台＋服务”为基本开发理念，以课程作为主导航，深度整合名师课程、学校自建课程、公共资源和各种备课资源，有效支持全流程教学的各个环节，并通过学习空间实现交流、互动、分享，着力实现信息技术与教育教学的深度融合。教师通过网络教学平台完成教学，学生通过网络教学平台完成学习，通过信息技术统计教学工作基础数据，推动信息技术在教育行业全面深入应用。

（9）建成网络教学平台。平台能够为学校提供一个网络教学门户，作为学校网络教学对外展示的一个很好的平台，能够为学校定制一个个性化的首页，首页可以设置多个栏目，可以将学校的公告通知、教学组织、课程信息、教学组织、精品课程网站等通过网络教学平台与学校已有的数据和资源实现无缝对接。

## 第五节　线上线下混合教学模式的创新

### 一、线上与线下适度融合

与传统的课堂教学相比，在线教学给予了学生较大的自由度，学生不必赶往教室，在家中打开电脑等电子设备便可参与课堂，在便利性方面明显高于课堂教学。也正因为如此，部分学生难免出现注意力不集中、偷懒等现象，导致学习效果的减弱。面对这一现象，教师应充分考虑学生的情绪调整过程，注意教学形式的转换。

与线上教学相比，传统线下教学互动性更强，教师可直接观察到学生的学习状态，对于注意力不集中的学生能够及时进行提醒，帮助学生更好地保持学习状态。然而，部分学生由于本身学习主动性不足，已经养成了懒散的习惯，对于线下教学中教师的管理和约束可能会产生逆反心理。对此，教师应耐心加以指导，并在备课过程中准备更加丰富的学习内容，提升学生的学习兴趣。

首先，教师可采用线上线下混合式教学模式，并调整二者的比例，最终将英语教学转换为最合适的教学方式。

其次，教师可充分利用多媒体进行教学。多媒体可提供丰富的学习资料，如音频资料、视频资料、图片资料、互动资料等。丰富的资料一方面可提升学生的学习兴趣；另一方面可提升教学效果，从听觉、视觉等多个方面对学生产生刺激，使学生对知识的记忆和掌握更加高效。

与线上教学相比，线下教学最大的优势之一便是互动性强。在线上课上，教师对学生缺少直接管理，学生也被迫减少了与教师的交流沟通，这些对教学效果必然有所影响。在各学科当中，大学英语受此影响尤其明显，因为语言是交流的工具，要想更好地掌握一门外语，有规律的语言交流是十分必要的。教师可适当增加课堂提问的频率，并注意提问的难度，让学生时刻保持学习状态，让其注意力集中在教师所教授的英语知识上。

部分学生由于所受约束力不足，出现注意力不集中、松弛散漫等问题，学习主动性也随之下降。面对此类问题，教师应积极进行沟通和指导，并从以下方面促进学生学习主动性的提升。

首先，教师应关注所有学生的学习状态，通过沟通、鼓励等形式帮助学生重视英语学习，提升其自信心，从学生自身强化其学习主动性。在这一过程中，教师应避免直接批评的方式，以免进一步降低学生的学习主动性。

其次，通过更加细心的教学设计提升课堂趣味性，增强教学效果，提升学生的学习兴趣。大学英语涉及的语言知识十分丰富，词汇量大，语句较为复杂，学生面对的考试压力较大。这就要求教师从学生的角度出发进行思考，用更加多样化的教学内容来丰富课堂。除教学材料外，教学设计也是英语教学极为重要的组成部分。同样的语言知识，教师可采用多样的形式加以讲解，并采用一定的互动活动来调动学生的学习积极性。教学效果的提升，会提升学生的自信心，也能够让学生更愿意接受语言学习。

## 二、大学英语线上教学整改措施

（1）可利用大学英语线上教学平台以及相关的软件，向学生发出抢答邀请。例如，使用微信“摇一摇”功能选择学生进行回答，对于回答正确的学生给予加分奖励，提高学生的参与度，增强英语线上教学的趣味性，并能有效吸引学生注意力。

（2）为触发交互性，教师线下布置问题让学生思考和探究，线上课堂带领学生讨论和解答问题，尤其鼓励学生原创性的见解和分析论证，指导学生对知识点进行归纳和整理。

（3）为实现教学目标，教师在线上教学时可提供小测试，检测学生英语语言文化知识的掌握情况，可创设虚拟交际场景，检测学生的英语语言综合技能。

（4）教师在课前要提前备好突发网络卡顿的预案，尽可能实现多平台转换，比如在课程直播时遇到卡顿，应及时引导学生转至微信或钉钉等平台，保障课程的顺利进行。

## 三、大学英语线上平台创新路径

教育信息化的核心内容是教学信息化，包括教学手段科技化、教育传播信息化、教学方式现代化。信息化教学已作为一种崭新的现代化教学手段进入英语教学，成为英语教学发展的新趋势。大学英语线上教学平台可通过整合学习资源、融通交流路径、完善评价系统等途径创新信息化教学。

### （一）创建大学英语线上资源数据库，丰富教学资源

要想建立完善的大学英语线上资源数据库，首先要重点打造线上英

语精品课程。可以由教育部的相关部门牵头，联合各大学，加大对课程建设的资金投入力度，聘请优秀的英语教师录制课程，将其打造为精品课件，上传至大学网络平台，让学生能够随时接受名师教学指导。其次，要不断优化和丰富大学线上英语教学平台的相关资源，构建多元化的英语学习架构，充实学生的学习内容。教师可把日常英语对话、词汇、教学课件、考试指导等相关音视频资料上传到平台，方便学生查找和学习；或是将一些新闻资料的音频上传，不仅能够丰富学生的学习内容，而且能帮助学生拓宽视野。

### （二）搭建师生线上交流路径，发挥平台价值

利用线上平台搭建师生交流渠道，可更好地发挥线上教学资源的作用，有效实现实时沟通与互动交流。具体来说，有三种方式：①在线上平台设置留言互动板块，开设英语教师专栏，学生遇到问题直接向教师反馈留言；教师在线上针对学生的问题给予详细的解答，实现交流的实时互动性。②利用微信、钉钉等平台建立学习群，使师生之间建立有效联系，从而使教师了解学情，提高教学针对性。③在线上平台设立英语自学模块，包含课程目标、学习任务、练习和反馈等，指导和督促学生完成指定的英语学习任务，同时也方便教师对学生任务完成情况进行检查和批改作业，并为其提供相应的指导。

### （三）构建线上教学评价系统，提升教学效果

评价和成绩考核功能既可以对学生的英语学习起到监督、测试的作用，又能实现对教师教学效果的评价。建立健全大学英语线上教学评价系统包含三个方面：①搭建大学英语考试题库，让系统依据相关教学内容自动生成不同考题组合，学生进行在线测试，既能有效预防作弊和抄袭，也能让教师针对学生的学习薄弱点进行针对性教学。②建立配套在线评分系统。学生完成在线考试后，马上公布成绩，并提供答卷分析报告，让学生从中发现知识和能力短板，找到解决学习问题的对策。③题库中应加大对英语主观题的评价力度。大学英语教学实践中发现，教师对主观题评分常会耗费很多精力，评分也存在随意性，这类题型分值又较高，所以应开发主观题评分系统。该系统不是将答案直接呈现给学

生，而是给出主观题答题要点和解题思路指导，将标准答案以参考形式讲解给学生。通过建立科学完善的英语线上教学评价系统，能够促进教学目标的达成。

## 四、教育信息化背景下大学英语线上课堂实施路径

### （一）夯实课前自主学习，促成高效课堂

构建好英语线上教学平台后，需要进一步对线上课程进行创设和具体的实施。教师在讲解“综合英语”课程前，可先布置线下自主学习任务，要求学生根据单元学习问题思考单元话题，储备语言信息，便于课堂交流讨论；线上完成关于单元话题的听力训练，或观看与单元话题相关的短视频；阅读教师指定的文本材料等。线上课堂中，教师通过话题陈述、回答问题、词汇小测等语言学习任务，检测学生课前自主学习情况，提高课堂参与性和互动性，归纳提炼学生线下学习内容，打造高效英语线上课堂，确保线上英语教学实效。

### （二）科学安排输入内容，细化教学步骤

语言输入是语言习得的重要前提。研究表明，缺少语言输入的课堂教学是无助于语言习得的，因为语言习得与语言规则的学习是两个不同的过程，其结果也不同。根据克拉申的输入假设理论，在语言信息输入时既要清晰其不能与学生现有水平画等号，也要保证其超过学生现有水平的合理性。教师备课中要以输入假设理论为基础，注重新知在旧知中的融合，依托旧知实现新知的导入，帮助学生更好地理解与接受新知，提升其学习兴趣和积极性。同时，教师应细化每个教学环节，反复斟酌与推敲课堂活动的可操作性和时间分配，根据学生的需求合理设计教学，通过“翻转教学”将学习任务单提前发送给学生，为有效的教学实施做好铺垫。

### （三）遵循语言学习规律，增强学习信心

“语言模因论”指出，语言学习的本质是从复制到传播的过程。基于此，应立足学生学习规律，让学生的语言输出以模仿为切入点，之后进行改编和创造，其最终目的就是要在由浅入深的背景下帮助学生不断

获得知识。以“综合英语”话题口语教学为例，教师先要明确话题特征，遵循由易到难的原则，向学生提供契合其兴趣点的话题，并提供地道的表达词、句式作为辅助，为语言图式提取困难的学生搭建学习框架。教师也可借助社交软件让学生结对开展对话练习，在同伴学习中发展显性和隐性语言，培养学生语言输出的自信心与获得感。教师还可提供对话模板，让学生根据模板创编对话。在此过程中要确保对话内容贴近交流需求，让学生能用学到的语言和技能来解决实际学习和生活问题，增强学习信心。同时，通过线上教学、口语教学与“综合英语”听、读和写等其他技能训练相结合，循序渐进，实现课程知识和技能整体联动的教学目标。

### （四）分解语言认知难点，协同知识构建

对课文内容进行讲述时，可遵循由点及面、由词到句的原则对知识点进行合理分解，设计层次分明、逻辑性强的多模态课件，使学生对知识点能够一目了然。例如教学“spur sb. on sth. /to do sth.”（刺激某人做某事）时，可先呈现含有此短语的语篇或语境，学生根据上下文推测短语含义，或提供几种含义让学生选择，降低学生的语言学习焦虑。焦虑是影响语言习得的一个情感因素。学习英语时，焦虑感较强的学生，情感屏障高，获得的输入少；反之，则容易得到更多的输入。学生建构该知识点后，接着可讨论其用法，如将其汉语例句翻译成英语，训练学生语码转换能力；还可讨论学生不同的翻译表达，选出最佳译文，让学生在学习英语词法句法的同时，培养口语、思维和翻译能力。

### （五）强化产出导向设计，保证学习效果

产出导向法中提出了具体的教学流程，对课堂设计需要进行重构，使学生的学习参与度得到充分提高。该流程的驱动、促成和评价三个阶段中都必须充分发挥教师的中介作用，如引领、设计、支架等。产出导向设计包括两个方面：第一，采用真实任务驱动，激发语言产出；第二，提供任务支持和产出评价标准。教师要对学习目标及产出任务进行明确，在网络平台上投放学生自主学习资源包，包括语言信息、任务关联信息、产出模板、语言产出评价量表等，帮助学生明确语言、交际、

素养等多维目标和任务，从而在任务实施的过程中更加有的放矢，提高产出质量。

总之，通过分析大学英语线上教学问题，提出整改措施，进而优化英语线上教学平台，创新在线课堂实施路径，有助于实现线上英语教学目标，提升线上英语教学质量。在信息化教学创新路径中，大学既要完善相关的硬件设施，又要不断升级英语软件的功能，还要积极利用线上网络平台和资源，为学生创设多元高效的线上课程学习环境，科学合理地安排教学内容，强化对语言产出的练习与检查，并在线上课程实施中有机融入英语教学，促进学生全面发展。

# 第六章　大学英语教学评价的基本理论

所谓教学评价，指的是根据特定的教育价值观，运用科学合理的方法，通过资料收集与整理，对教学进行价值判断，为提高教学效果和进行教学决策提供依据的过程。教学评价主要发挥着导向、鉴定、激励的作用。

## 第一节　大学英语教学评价对教师与学生的意义

### 一、对教师的意义

#### （一）及时获取反馈信息，适时调整教学计划

在具体的教学过程中，及时获取必要的反馈信息对于教师而言十分重要。例如，在教师讲解完生词以及生词的语法点之后，学生的表情和眼神就是对教师内容讲解的信息反馈。如果大部分学生表情镇定，眼神露出自信，就说明他们已经基本了解和掌握了教师所讲的内容，教师也就没有必要再次进行讲解；如果大部分学生表情凝重，眼神躲闪，则说明他们并没有理解教师所讲的内容，教师就需要重新讲解。再如，学生练习的对错程度也可以为教师提供反馈信息，如果学生的正确率都很高，就说明学生基本掌握了课堂上教师所讲解的内容，教师也就可以进行下一个内容的讲解了；如果大部分学生都没有做对，则说明学生并没有很好地掌握课堂上教师所讲解的内容，教师就有必要重新讲解。

可以看出，及时、全面的信息反馈对于教师的教学来讲至关重要。根据反馈信息，教师可以适时地调整教学计划，有针对性地安排教学活动，进而最大限度地提高教学效果。

### （二）充实教学经验，增强教学技艺

教师的教学意识及教学行为直接影响着教学的效果和质量。有效的教学行为越多，无效的教学行为越少，教学的效果就会越好。但是，要想增加有效的教学行为，减少无效的教学行为，就需要教师有丰富的教学经验和较高的教学技艺。教学评价正是帮助教师丰富教学经验、提高教学技能的有效途径之一。例如，通过学生评价和自评，教师可以发现自己的不足，明确教学中应该做的事情和不应该做的事情，从各方面汲取教学经验，提高教学技艺，进而提高教学效果。

### （三）拉近师生距离，优化教学环境

教学评价可以消除师生隔阂，拉近教师与学生之间的距离，优化课堂教学环境。因为在自主的教学评价中，教师会给学生发表教学意见和建议的机会，这样学生和教师就能更充分地交流，更深入地了解彼此，进而改善师生关系，增进师生情感。师生关系的亲密化能促使师生之间相互鼓励、相互支持，进而一起营造一个宽松、和谐、民主、充满活力的教学环境。这样的教学环境能消除学生学习的紧张情绪，激发学生的学习积极性，使学生充分发挥自己的学习潜能。

### （四）为教师科学研究提供材料

教师不仅要认真教学，还要认真踏实地做学问，也就是做科研。因为如果教师只教学而不研究，那么教学就会缺乏根基，教学水平也无法提高。

教学评价是研究教学的突破口。通过教学评价，教师可以清晰地了解自己的教学情况，并准确把握学生的学习情况。同时，教学评价还能帮助教师积累大量与教学有关的经验，这些经验对教学研究具有重要的意义，它能为教学研究提供丰富的理论依据，并能指明教学研究的方向。

## 二、对学生的意义

### （一）发现自己的不足，及时进行改进

通过教学评价，学生可以及时发现自己在学习方面的不足，并对其

进行分析，进而调整学习计划，改变学习方法，克服不良学习习惯，提高学习效率，使自己成为真正的学习者。

### （二）关注学习过程，积极主动学习

在具体的学习过程中，很多学生都将注意力放在学习结果上，忽视了学习过程。实际上，过程要远比结果重要得多，无论做任何事，如果没有过程也就不可能有结果，过程对结果有决定作用。英语学习也是如此，学习成果的取得要靠学习过程的积累。而有效的教学评价可以将学生的注意力转移到学习过程中来，能够引导学生关注自己的学习过程。一旦学生对自己的学习过程有所关注，就会主动积极地学习，并能自觉监控自己的学习行为。

### （三）了解自己的进步，获得成就感

教学评价使得学习过程变成了可视的事物，通过对学习过程的审视，学生可以清晰地看到自己的学习轨迹和取得的进步，这样学生就会产生满足感，获得成就感和自豪感，进而学生的学习信心就会增强，学习的积极性也会提高。

# 第二节　大学英语教学评价的特点与原则

## 一、英语教学评价的特点

### （一）以学生为中心

教学评价的主要目的是通过教师和学生提供的与学生学习相关的反馈信息来观察学生的学习情况，了解学生的学习水平，促进学生不断进步。从教学评价的目的以及评价的过程来看，整个评价都是围绕学生进行的，因此“以学生为中心”就成了教学评价的显著特点之一。

### （二）以教师为指导

教师在教学评价过程中具有很高的自主权，教师可以自主确定评价

的内容，选择评价的方式，确定处理反馈信息的形式等。可以说，教学评价在很大程度上是在教师的监控和指导下进行的。

### （三）特定性

教学评价针对的是具体的教师、具体的学生以及具体的教学内容。适用于一个班级的教学评价方式未必适用于另一个班级，适用于一种课型的教学评价方式也不一定适用于另一种课型。可见，教学评价具有特定性。这也就说明在进行教学评价时要选择符合课堂以及学生特点的教学评价方式。

### （四）连续性

教学评价并不是间断的、一次性的，为了检测教学方式的有效性，教师在对学生进行第一次评价之后还会进行第二次、第三次甚至更多次评价，形成一个“反馈链”，通过多次评价的结果来调整教学，以此提高学生的学习效率。可见，英语教学评价是一个连续不断的过程，呈现出明显的连续性。

### （五）互惠互利性

教学评价的互惠互利性指的是教学评价对教师和学生都有重要的意义。通过教学评价，教师和学生都可以从中发现自己的不足，进而采取措施弥补自己的不足，寻求更大的进步。

## 二、英语教学评价的原则

### （一）目的性原则

在进行英语教学评价时，首先要遵循目的性原则，这一原则可从教师和学生两个方面来理解。对教师来讲，教师应对各种评价方式的目的及其预期效果有一定的了解，并根据教学实际情况选择恰当的评价方式。对学生来讲，学生应对各种评价方式的重要性、具体操作及其作用等有所了解，因为学生只有对教学评价有所认识，才能积极配合教学评价的实施，进而促进教学评价的有效开展。

（二）可行性原则

教学评价必须遵循可行性原则，这样才能保证其顺利进行。如果教学评价方案操作起来太过麻烦，学生就会产生厌烦心理，不愿意配合，那么教学评价也就不能顺利进行，效果自然不会好。

（三）客观性原则

教学评价必须遵循客观性原则，要力戒主观臆断和随意性，要尊重客观规律，这也是教学评价成功的基本保障。

（四）过程性原则

过程性原则指的是要切实将教学评价纳入课堂教学之中，使其对学生的学习和教师的教学起到真正的监控作用。这一原则要求评价贯穿整个教学过程当中，并且呈连续性，以保证评价实施的效果。

（五）激励性原则

英语教学评价的主要目的是评价学生的学习效果，进而为学生的全面学习和发展打下基础。在进行教学评价时，应遵循激励性原则，确保所做出的评价能激发学生的学习积极性，促进学生的全面发展。

（六）效益性原则

效益性原则是指在单位时间内所取得的教学成果与所付出的物质代价和精神代价的比率。这是判定某些教学活动和教学环节设计是否恰当的一个重要标准。

（七）多维性原则

所谓多维性原则，是指教学评价应从多角度、多层面，运用多种方式对教学过程和教学结果进行评价。这一原则具体体现在以下三个方面。

1. 评价主体的多维性

评价主体的多维性要求评价主体应该全面，不仅要包括教师，还要包括学生以及教学之外的人员，如研究者和教育管理者。只有确保了教学主体的多维性，才能确保教学评价的客观性，也才能调动学生的积极性。

2. 评价方式的多维性

评价方式的多维性要求教学评价一改之前单一的评价方式，采用多种多样的评价方式，如观察、成长记录袋、真实性评价等。同时，评价方式既要重视客观、量化的评价方法，也要重视量化和质性评价相结合的方法，以质性评价统整量化评价。这是因为量化的评价可以简化教学过程，而质性评价则注重丰富的教学过程，侧重教学过程的真实性和完整性。

3. 评价内容的多维性

评价内容的多维性是指评价的内容要全面，要能够涉及教学的多个方面，如教学要素、教学过程、教师水平、学生参与度、教学结果等。当然，教学评价内容的多维性并不意味着每一次教学评价都要涉及各个方面而是根据评价的目的有选择、有针对地进行评价。

### （八）情感性原则

以往的教育都过多关注理性方面的内容，而忽视了非理性方面的发展，进而导致了“情感空白”。这在教学评价中也有所体现。学生是教学评价的主体，教学评价需要学生的积极参与，所以教学评价必须考虑学生的情感。这就要求教师在教学评价过程中要善于发现学生的优点，激发学生的学习积极性，使学生在评价中了解自己的发展状态及发展潜能，并从中体验进步与成功，进而增强信心，继续努力学习。

### （九）发展性原则

教师在教学评价过程中要遵循发展性原则，即在进行教学评价时要着眼于学生的未来发展，侧重于观察和衡量学生的表现，并不断激发学生的学习兴趣和学习动力，促进学生全面发展。

# 第三节　大学英语教学评价的信度与效度标准

为了确保评价的质量，大学英语教学评价需要遵循信度和效度两大标准。

## 一、信度标准

在大学英语教学评价中，信度就是一致性，主要包含三种形式：稳定性信度、复本信度、内部一致性信度。这三种信度是不能相互替换的。

### （一）稳定性信度

所谓稳定性信度，是指测验结果的跨时间的一致性程度。稳定性信度高时，即使测验进行的时间、场合不同，其结果也应该大体上是一致的。为了考查在不同时间的评价结果的稳定性程度，往往需要间隔一周到两周的时间，然后进行重复的测验。因此，稳定性信度又可以称为“重测信度”。

稳定性信度主要有两种计算方法：其一，对第一次和第二次的测验进行计算，算出二者之间的相关系数；其二，求两次测验间分数所处类别没有变动的人数比重（按百分比计算）。

### （二）复本信度

所谓复本信度，是指等值的测验复本间的一致性，该信度主要解决两个等值复本或多个等值复本间是否真正等值的问题。但是，对同一测验进行重复使用是不公平、不合理的，因为后一批接受测验的学生有更多的练习机会，他们的测验分数也会明显高于先前接受测验的同学。基于这一问题，教育者往往会选用复本。

一般来说，对复本信度进行确定的步骤与稳定性信度的计算方法具有一定的相似性。具体方法是：对同一组被测试者进行两次测验，且两次测验间隔时间较短，或连续进行测验也可。再对得到的两组数据进行计算，以此来确定两个复本间的相关系数。

### （三）内部一致性信度

内部一致性信度与稳定性信度、复本信度不同，其关注点并不在于被测试者在测验分数上的一致性，而是着重于测验题目之间在功能上的一致性，即测验题目的同质性。并且，在测试次数上，稳定性信度和复本信度需要测试两次，而内部一致性信度只需要测试一次。

通常，内部一致性信度有以下几种不同的计算方式：其一，用库德和理查逊的K－R20公式来对题目的正误进行判断；其二，用克伦巴赫的克伦巴赫$\alpha$系数来对不同分值的题目进行计算。

在教学评价中，信度是尤为重要的一个判断依据。如果一个测验得到的信度分值较低，则可以理解为测验的分数并不准确。由此可见，对信度的关注度与评价所连带的利害关系成正比。

## 二、效度标准

除了信度之外，另一个重要的评价标准就是效度。效度的意义在于：评价准确，对于改进策略的质量是有利的；评价错误，就可能会误事。所谓效度，即准确性，是指在评价结果的基础上所做出的推论的准确性。一般来说，评价的效度由三种效度证据来决定：内容关联效度、效标关联效度和结构效度。

### （一）内容关联效度

所谓内容关联效度，是指测验内容对所要推论的评价范围的代表程度。其中评价范围主要包含知识、态度、技能等。因此，在确定测验内容的代表性，抽取样本进行检测时，评价范围中的所有内容都具有应用性。一般来说，对内容关联效度进行证据收集的办法有两种：一是通过外部评价，二是通过测验编制。

### （二）效标关联效度

所谓效标关联效度，是指评价成绩对学生在外部校标成绩上的预测程度。这与前面所述的内容关联效度类似，能够指导测试者可以在多大程度上相信以成绩作为基点对学生的推论情况。但是在证据收集上，效标关联效度与内容关联效度还是存在明显区别的：效标关联效度只应用于需要根据评价结果来预测学生在之后的效标变量中的表现，因此是具有明确的使用范围的。一般来说，效标关联效度最普遍的应用形式就是对学生在能力倾向测验的情况进行计算，并与学业成绩进行对比。

（三）结构效度

所谓结构效度，是指经验性证据对某种结构的存在性进行确定的程度，以及运用评价工具对这一结构进行测量的程度。一般来说，结构效度的证据收集往往是非常直接的，主要包含两个步骤：步骤一，根据已经理解的被测试结构的运行机制，对被测试者在这一测验上的表现程度进行一个或两个假设；步骤二，对经验性证据进行收集，并检验上述假设能否成立。

## 第四节　大学英语教学评价的方法与优化

### 一、学生自评

在大学英语教学评价中，为了体现学生的中心地位，通常将学生的自我评价作为大学英语教学评价中的一种重要方法。学生通过自评，可以发现自己在学习中存在的不足，及时调整学习方法，进而提高学习效率。

在学生进行自我评价时，教师需要做到两点：其一，对学生进行引导，让其根据制定的自我评价表进行自我评价；其二，通过学生自我评价的过程来了解学生的学习态度。

学生进行自我评价时通常会使用到两种工具，即电子自评表和自我学习监控表。

### （一）电子自评表

电子自评表是一种便于操作的工具，可以节省操作时间，在很大程度上能提高教学评价的效率。一般情况下，教师可以选择在互联网课程结束后将电子自评表发给学生，让学生进行自评。

### （二）自我学习监控表

自我学习监控表是对学生学习过程进行监控的表格，在大学英语教学评价中有着十分重要的作用。使用自我学习监控表应注意以下事项。

第一，使用该表前，教师需要向学生介绍该表的用途和操作方式，便于学生认识和使用。

第二，在新单元学习之前，教师可以让学生从自己的实际情况出发，提前制定一个理想的目标，然后在活动栏中写上自己的预期任务。在之后的学习过程中，学生可以根据这些任务和目标监控自己的学习进度。

第三，尽管在使用学习监控表时，完成预期目标和任务是学生的事情，但是教师也需要参与其中，需要时刻提醒学生对自己的目标和任务进行检查，并为学生调整下一次的目标和任务给予指导意见。

## 二、同学互评

新时代大学英语教学对同学之间的协作也十分重视。因此，可以通过同学互评的方式来进行教学评价。教师可以同时让几个学生来对某个学生进行评价，评价需要客观，且评价的重点应当放在被评价者的优点以及需要如何改进等方面。

学生互评的重点是学生之间的反馈，而同学的反馈在学生的学习过程中起着重要的促进作用。学生反馈型互评包括以下几个环节。

### （一）目标设计

与教师评价相比，学生评价更有利于意见和建议的提出，对于学习质量的提高也起到积极的作用。因此，提高学生互评效果是当前值得关注的重要问题之一。设计学生互评有两个重要的指标，即学生反馈的数量和质量。因此，设计学生互评主要有两个目标：其一，提高学生的作业质量；其二，提高学生的学习效果。

### （二）任务设计

在学生互评的过程中，教师须从专业的角度对学生的作业提出意见和建议。这种评价活动并不是一蹴而就的，通常需要学生先将作业以成果或作品的形式在网络平台上进行提交，然后在同学和教师的指导下反复修改。

### （三）标准设计

学生互评属于定性评价，没有严格的评价量规，可以根据作业要求，从作业的价值、内容的深度以及准确性等方面出发，灵活设计评价标准。

### （四）角色设计

反馈意见是学生互评的核心要素，所以在学生互评过程中，学生作为参与主体需要承担相应的责任。首先，学生要按照规定的时间将完成的作业提交至网络平台。其次，学生在对其他同学的作业进行评价时，需要秉持客观公正的原则，指出作业中的优缺点，并提出相应的改进办法。在这个过程中，教师既是评价的监督者，也是评价的指导者。

### （五）过程设计

在具体的实施过程中，教师可对学生进行分组，通常是5～6人一组，即每一份作业有5～6个评阅者。网络课程中学生互评的过程都会被记录下来，方便学生查看评价结果，并与评阅人做进一步的交流，询问具体意见和建议，教师也可对整个过程进行指导和监控。

## 三、差异化评价

差异化教学评价是基于学生个体差异而采取的一种全面促进学生发展的评价方法。差异化教学评价将分层评价、分类评价与整体评价引入课前、课中、课后三个环节，实现以评促学、以评促教、评议结合，确保学生个体能够得到公平公正的评价，从而促进每个学生最大限度地发展与提升。作为一种全新着眼于学生个体的价值判断，差异化教学评价更关注培育学生的生命精神和智慧精神，从能力、情感、态度及价值取向等多个维度进行综合评价，实现学生知、情、意等方面的全面发展。

## （一）教师差异化评价优化

教师差异化评价既是对大学英语教师以往工作的评定，同时也为大学英语教师个人未来的职业发展指明了方向。随着教育体制改革的深化，许多大学坚持“赏识激励、享受教育”的教师发展理念，改变传统的总结性教师评价体系，坚持差异化原则，综合考察大学英语教师的表现、态度、工作难度、团队合作等方面，建立了尊重大学英语教师个体差异、实现大学英语教师有差异的专业发展评价机制，不断激励教师自我发展，从而实现其自身价值。

### 1. 以促进大学英语教师专业发展为评价目的

大学英语教师的专业发展是一个持续不断的过程。只有在大学英语教师的教学实践过程中不断地给予评价和反馈，才能促进大学英语教师对自己的教学不断地进行反思、总结与改进，也只有这样，才能实现评价的差异化功能。因此，大学应针对每位英语教师的个性化发展需求，为每位英语教师提供关于英语教学的信息反馈，肯定每位英语教师的成绩，发现每位英语教师的特长，激发每位英语教师的进取心，帮助英语教师反思和总结自己在英语教学中的优势与不足，诊断问题，探讨改进的措施，使大学英语教师在优化英语教学的实践中实现自身的提高。与此同时，应在大学英语教师发展的各个阶段中设计合理的评价方案，为其提供专业发展可行性方案，以此激发大学英语教师内部发展动力。

### 2. 注重评价主体的多元化

对于大学英语教师评价优化而言，传统的一元化评价显然不利于发挥促进大学英语教师发展与体现差异化的功能。要创建差异化的英语教师评价观，必须重视评价主体的多元化，实施以教师自评为主，学生、其他教师以及社会共同参与的多元主体性评价。

3. 重视评价内容的多样性

影响英语教学质量的因素是多方面的，所以评价内容也应具有多样性。大学英语教师评价的内容应包括英语教师的态度、道德、能力以及团队合作等方面。通过运用各种方法，收集来自各方面的信息，了解教师的整体素质、工作表现、进步状况与未来发展规划，从而全面、客观、准确地评价教师，促进教师专业的成长。

4. 重视评价标准的个性化

传统的大学英语教师评价采用的是统一化的标准，强调对英语教师某个方面的评价，甚至以学生的英语成绩作为评价教师的唯一标准，这不但抹杀了教师的个性，也不利于教师的专业成长。大学英语教师具有鲜明的个性特点，所以，在对大学英语教师进行评价时，应该在体现基本要求的基础上，重视教师的个体差异，制定个性化的评价标准，关注教师的个体差异与不同需求，使其优势更加突出，由此促进教师全面而又个性化的发展。

## （二）学生差异化评价优化

学生是大学发展的灵魂，大学所有活动都是围绕学生展开的。许多大学针对学生的个性差异确立了“责爱并行、个性鲜明”培养目标，全方位构建了学生英语学习差异化的评价优化机制。

1. 研发并实施网络评价系统

目前，一些大学研发了“增量分析”与“成绩密码查询”两大系统，既对学生的学业隐私进行了妥善保护，又通过平等、客观的评价使学生明确了英语学习目标，增强了发展自信。“增量分析”系统体现的是学生学业的动态变化过程，看重的是学生相对于自己的进步，从而激发学生的上进心；同时，该系统增强了大学英语教师转化后进生的动力，使其努力让每个学生都能得到发展。“成绩密码查询系统”指英语成绩查询，学生可通过个人账号和密码在校园网成绩管理系统进行查询，除学生本人外，对其他人保密。这样既保护了学生的个人隐私，又维护了学生尤其是“后进生”的自尊。

2. 建立个性化成长档案

大学应建立学生英语成长档案室，为每名学生建立专业英语成长档案，并分年级进行归档，由学生发展部负责管理，每学期更新一次。学生英语成长记录档案主要包括基本情况登记表、英语成绩、英语荣誉证书等内容，全面记录大学生的英语学习状况。同时，定期进行展览，“晒晒”学生的成果，让大家在比较中得到启发，在欣赏中获得提高。

学生个性化成长档案的最主要的内容是学生的成长足迹，需要从三个板块进行资料收集。一是英语文化素养。主要收集的内容是大学每学期所开展的系列交流活动及学生课外自主学习方面的材料，择优存入。二是创新精神。收集和记录反映学生创新精神发展水平的作品，促进学生创新能力的发展。这部分作品可以是表现动脑动手能力的活动资料，也可以是运用新方法解决问题的创新思维材料。三是成果与收获。材料包括学生获得的各种荣誉证书，某次师生谈话记录或体会，一次成功或失败的回顾与思考等。这部分材料积累较多，要在尊重学生意见的情况下，指导学生选出最具有代表性的材料，作为学生个性发展的标志。

## （三）素质多元差异化评价优化

大学应搭建多样化的平台，提供尽可能多的机会，促进学生的个性发展。

1. 加强学生英语社团建设，提供发展空间

在紧抓学生会建设的同时，按照学生自发组织、大学统一管理、定期展示的原则，建立学生英语社团组织，鼓励英语社团健康发展，为学生的个性化发展提供更加广阔的空间。

2. 开展丰富多彩的活动，创建才艺平台

以大学英语文化展为载体，开展征文、交际、艺术节等各类英语文化活动，为学生提供展示自我的平台，增强学生自信心。

（四）考核差异化评价优化

考核对于大学英语教学而言非常重要，既有甄别选拔功能，又有教育功能。但是传统的考核过于重视分数，过分强调甄别功能，削弱了教育功能。随着素质教育在我国的全面实施和推进，传统“一刀切”的考核方式越来越与素质教育相悖，不能真实、全面、科学地对学生进行评价。目前，一些大学结合本校实际情况，针对学生个体存在的差异，以促进每名学生发展为目标，注重考核内容、考核形式以及监考形式的多样化，全面科学地对学生进行考核。

1. 考核内容的多样化

传统考核的内容主要是学科知识，只要认真学习英语理论，勤加练习，就可以得到理想的成绩，弊端在于不能全面考查学生的能力和实际水平。大学应通过改革，调整学科考试考核的内容，将英语学科分为学业成绩、实训、调研、实践等方面进行考核。

2. 考核形式的多样化

传统的考核形式单一，而且反馈时间长，效果较差，不利于促进学生的个性化发展。为适应差异化教育改革的需要，大学应秉持学科与特长相结合、免考与重考相结合的原则，采用“理论＋项目”的形式进行英语考核。如果学生对自己的考核结果不满意，认为不能反映本人的真实水平，可以向大学提出重考的申请。大学收到申请后，提供一份与原考核难度相当的考核内容，让学生进行重考。学生重考后，英语教师取较高的成绩作为其阶段学习成绩，由此彻底改变一张试卷评价的弊端，给予学生更多发展的可能。

# 第五节　大学英语教学评价的改革与发展

## 一、大学英语教学评价的改革重点

教学评价对大学英语课程的实施起着重要的导向和质量监控的作用。评价的目的功能、评价的目标体系和评价的方式方法等各方面都直接影响着课程培养目标的实现，影响着课程功能的转向与落实。20世纪80年代，世界各国对课程的结构、功能、资源、权利等各个方面重新进行思考和定位，在开展一系列轰轰烈烈的课程改革的同时，越来越多的国家开始意识到实现课程变革的必要条件之一就是要建立与之相适应的评价体系和评价工作模式。因此，课程评价改革成为世界各国课程改革的重要组成部分。

总的来说，大学英语教育评价体现出以下特点：重视发展，淡化甄别与选拔，实现评价功能的转化；重视综合评价，关注个体差异，实现评价指标的多元化；强调质性评价，定性与定量相结合，实现评价方法的多样化；强调参与互动、自评与他评相结合，实现评价主体的多元化；注重过程，终结性评价与形成性评价相结合，实现评价重心的转移。

### （一）学生评价改革的重点

新课程强调改变过于注重知识传授的倾向，强调形成积极主动的学习态度，使获得基础知识和基本技能的过程同时成为学生学会学习和形成正确价值观的过程。因此，对学生的评价不仅要关注学生的学业成绩，更要注重发现和发展学生多方面的潜能，了解学生发展中的需求。基于这一考虑，大学制定的学生学习目标应包括学科学习目标和一般性发展目标两个方面，具体而言，包括三个方面的内容：①建立促进学生全面发展的评价体系；②重视课程评价方式方法的灵活性、开放性和多元性；③探讨考试的新方法。

1. 建立学生全面发展的评价体系

大学英语教学评价不仅要关注学生的学业成绩，而且要发现和发展学生多方面的潜能，为学生的个性化发展提供依据和支持。所以，大学英语评价在学生发展方面的指标体系包括学生的学科学习目标、一般性发展目标和个性化发展目标。

2. 重视课程评价方式方法的灵活性、开放性和多元化

不能仅仅依靠纸笔考试作为收集学生发展证据的手段，而要关注过程性评价，及时发现学生发展中的需要，帮助学生认识自我、建立自信，激发其内在发展的动力，从而促进学生在原有水平上获得发展，实现个体价值。

3. 考试新方法的探讨

考试只是学生学业成绩评价的一种方式，要将考试和其他评价的方法有机结合起来，全面描述学生发展的状况。改变纸笔测验是考试的唯一手段的方法，应根据考试的目的、性质、对象等，选择灵活多样的考试方法，加强对学生能力和素质的考查。改变过分注重分数、简单地以考试结果对学生进行分类的做法，应对考试结果进行分析、说明和建议，形成激励性的改进意见或建议，促进学生发展，减轻学生压力。

（二）教师评价改革的重点

大学英语教学评价要建立起促进教师不断提高的评价体系，强调教师对自己教学行为的分析与反思，建立以教师自评为主，校长、教师、学生、家长共同参与的评价制度，使教师从多种渠道获得信息，不断提高教学水平。

第一，打破唯“学生学业成绩”论教师工作业绩的传统做法，建立促进教师不断提高的评价指标体系。这一指标体系包括教师的职业道德、对学生的了解和尊重、教学实施与设计以及交流与反思等。一方面，以学生全面发展的状况来评价教师工作业绩；另一方面，关注教师

的专长成长与需要，这是促进教师不断提高的基础。

第二，强调以“自评”的方式促进教师教育教学反思能力的提高，倡导建立教师、学生、家长和管理者共同参与的、体现多渠道信息反馈的教师评价制度。一方面，通过评价主体的扩展，加强对教师工作的管理和监控；另一方面，旨在发展教师的自我监控与反思能力，重视教师在自我教育和自我发展中的主体地位。此外，教师的自评与奖惩要脱钩。

第三，打破传统课堂教学评价模式，建立“以学论教”的发展性课堂教学评价模式。即课堂教学评价的关注点转向学生在课堂上的行为表现、情绪体验、过程参与、知识获得与交流合作等诸多方面，而不仅仅是教师在教学过程中的具体表现，使“教师的教”真正服务于“学生的学”。这一转变对教师教学能力的重新界定、学校教学工作的管理无疑将带来巨大的冲击。

### （三）考试的改革重点

第一，在考试内容方面，应加强与社会实际和学生生活经验的联系，关注学生创新思维的发展，淡化以记忆性内容为主的考试。考试内容的这一变革要求教师必须打破陈旧的教育观念和教学策略，调整自己的教育教学行为，关注学生作为“人”的发展，关注学生综合素质的发展，关注学生的全面发展。

第二，在考试方式方面，倡导给予多次机会，综合应用多种方法，打破唯纸笔测验的传统做法。传统的考试以纸笔考试为主，这只是考试的一种方式，它无法适应考试内容方面日益重实践、重创新等的变化。比如，学生的创新能力，不是单凭一张考卷就能体现说明的，它需要实际的环境加以操作，才能较好地做出评价。因此，新课程倡导考试方式灵活多样，应体现先进的评价思想，如自考、编制试卷、辩论、课题研究、写论文、制作作品、特长或任务表演、情境测验等，通过多种途径考查学生的发展状况。同时试行提供多次考试机会，同一考试也可多样化呈现，给予学生选择的空间——学生可以选择什么时间、以什么方式、接受哪一个级别的考试。考试还可分类、分项进行，考试的方式应灵活多样，同时体现学生生动、活泼、主动发展的需要。单是如何适应和参加这种开放、动态的考试就对学生提出了超出“知识技能”范畴的其他素质的要求。可见，考试方式的变革同样给传统教育方式带来了巨大的冲击，传统的那种一味追求分数的“只看分不看人”的教育观念和教育方式下产生的学生，将无法适应这种灵活多样、开放的、动态的考试方式。

第三，在考试结果处理方面，要求做出具体的分析指导，不得公布学生成绩及按考试成绩排名。考试和其他评价方法一样，是为了促进学生的发展。因此，对考试结果的处理应加强分析指导，重在为学生提出建设性的意见，而不应成为给学生“加压”的手段。所以应根据考试的目的，灵活选择考试结果的处理方式，如公开反馈还是匿名反馈、完全反馈还是不完全反馈、群体参照反馈还是个体参照反馈等。学生有权决定如何公布学习成绩，学校和教师应尊重学生的权利，关注学生的处境和发展中的需要，保护学生的自尊、自信，认真思考，谨慎选择，采用以激励为主的方式对考试的结果进行反馈，促进学生在原有水平上的发展。

第四，关于升学考试与招生制度，倡导改变将分数简单相加作为唯一录取标准的做法，应考虑学生综合素质的发展，建议参考其他评价结果（如学校推荐性评语、特长、成长记录袋等），将形成性评价与终结性考试结合起来。

考试改革并不能解决课程改革中的所有问题，也不是课程改革成败的决定因素。真正影响和解决课程改革所有问题的关键是观念，是建立符合时代发展要求的新课程观、教育观、质量观、学生发展观和教师观等，而不是某种方法和技术。

## 二、课程评价的价值取向

第一，目标取向的课程评价。这种观点的主要代表人物是被称为“现代评价理论之父”的泰勒及其学生布卢姆等人，他们认为课程评价是将课程计划和预定课程目标相对照的过程。在这里，预定目标是评价的唯一标准，它追求评价的科学性与客观性，因而这种取向的评价的基本方法论就是量化研究方法，并常常将预定目标以行为目标的方式来陈述。

第二，过程取向的课程评价。这种评价试图将教师和学生在课程开发、实施以及教学过程中的全部情况都纳入评价的范围之内，强调评价者与具体情境的交互作用，主张无论是否与预定目标相符，与教育价值相关的结果都应当受到评价。

第三，主体取向的课程评价。这种观点认为课程评价是评价者与被评价者、教师与学生共同建构意义的过程。

## 三、课程评价的发展趋势

第一，既重视学生在评价中的个性化反应方式，又倡导让学生在评价中学会合作。

第二，以质性评价整合与取代量化评价。

第三，强调评价问题的真实性与情境性。

第四，评价不仅重视学生解决问题的结论，而且重视得出结论的过程。

第五，不断完善评价方式，重视采用灵活多样、具有开放性的质性评价方法。

## 四、新课改下的课程评价

第一，在指导思想上，要突出评价的发展性功能和激励性功能，重视对学生学习潜能的评价，立足于促进学生的学习和充分发展，为适合学生的教育创造有力的支撑环境。

第二，在评价的主体上，要调动学生主动参与评价的积极性，改变评价主体的单一性，建立由学生、家长、社会、学校和教师等共同参与的评价机制。

第三，在评价的方法上，一是由终结性评价发展为形成性评价，实行多次评价和随时性评价、档案袋式评价等方式，突出过程性。二是由定量评价发展到定量和定性相结合的评价，不仅关注学生的分数，更要看学生学习的动机、行为习惯、意志品质等。三是由相对评价发展到个人内差异评价。相对评价是通过个体的成绩与同一团体的平均成绩相比较，从而确定其成绩的适当等级的表示方法，也被称作常模参照评价，这是我们最常用的评价方法。个人内差异评价是对学生个体同一学科内的不同方面或不同学科之间成绩与能力差异的横向比较和评价，以及对个体两个或多个时刻内的成就表现的前后纵向评价，这种评价既可以为教师全面了解学生提供准确和动态的依据，也可以使学生更清晰地掌握自己的实际情况，利于激发他们学习的动力、挖掘学习潜能、改进学习策略等。四是由绝对性评价发展到差异性评价。绝对评价是对学生是否达到了目标的要求或“达标”的程度所给出的评价，也被称为“标准参照评价”。我们提倡对不同的学生采用不同的评价标准和方法，以促进所有学生都在最近发展区上获得充分的发展。

# 第七章　大学英语教学评价的具体模式

## 第一节　档案袋评价模式

### 一、档案袋评价的理论基础

档案袋评价可以在多元智能理论中找到理论依托。多元智能理论是由著名心理学家加德纳创建的，他提出了“智能本位评价”的理念，扩展了学生学习评价的基础；他主张“情境化”评价，优化了以前教育评价的功能和方法。

具体来说，多元智能教育评价观有以下特点。

(1) 强调评价要尊重学生智力发展的多样性，突破了仅对学生学习成绩的关注，强调考查学生更为广泛的能力。

(2) 改变了传统教学中教师说了算的一元评价模式，由一元变为多元，学生、教师、家长都参与到评价中来。

(3) 反对仅仅依据标准化考试的评价，主张进行与学习过程相一致的情境评价，使评价的实施日常化、过程化。

(4) 多元智能理论主张评价应该是持续的、动态的，对学生学习的评价应该做到课内和课外相结合、阶段性评价和日常行为考查相统一。

(5) 认为评价不是终结性地反映学习，而是不断强化学习；评价应是一个增强学生学习信心、强化学生学习动力的机会。

概括起来，多元智能教育评价观的特点就是评价项目的多元化、评价主体的多元化、评价内容的情境化、评价时空的开放性、评价结果的激励性。这些特点在档案袋评价中都能得以实现。事实上，多元智能评价中经常使用档案袋。加德纳倡导大学在招收学生时，将档案袋所反映的学生的表现作为依据之一，并结合其他质性评价方式取代学习能力倾向测验。

## 二、档案袋评价的特点和意义

档案袋评价是目前在大学英语教学中应用较为广泛的评价方式。档案袋评价强调的是对学生学习过程的评价，旨在通过让学生参与建立自己的学习档案，推动学生积极主动地组织和反思自己的学习行为，同时客观、动态地反映学生的综合学习情况。在英语教学中档案袋评价具有以下特点。

### （一）综合性

档案袋评价由于综合运用了标准化考试、谈话、调查表等正式和非正式的评价手段，因此，其收集的材料和数据比较全面。此外，档案袋评价既注重学习的成果，也强调学习的过程，它在鼓励学生成为学习的主人的同时，也使得教师可以从多角度了解学生在语言、认知能力和元认知能力等各方面的发展情况，因而可以对学生做出更全面和更准确的评价。

### （二）真实性

档案袋评价能够反映学生执行真实的课堂任务的情况。交际教学法和任务型教学法主张以学生为中心，通过执行各种任务实现英语的习得，是引领当前外语教学改革的教学方法，而档案袋评价有效配合了这种教学理念，能够客观、动态地反映学生执行各种正规或非正规的课堂任务的情况以及学生语言能力的发展情况。

### （三）系统性

档案袋评价是一种整体、有序的评价方法。教师在开展档案袋评价前必须做好充分的准备，明确使用档案袋的目的、收入档案袋的内容、数据收集的方式以及评价学生表现的标准等各个项目，因此，收集到档案袋的资料更有选择性和系统性，符合评价的目的和需要。档案袋评价强调以人为本和师生交流。这种评价方式的侧重点是把学生的发展和成长以及把评价的定义理解为一种过程、一个系统而不是一次测试。档案袋评价适应语言发展的整体性和综合性的特点，注重培养学生实际的语言应用能力，在英语教学领域具有广阔的应用前景。

## 三、档案袋评价的不足以及实施档案袋评价的注意事项

尽管档案袋在实现评价目的方面具有多种优势，但也存在着不足之处。首先是工作量较大，从档案袋的设计、建立、收集材料到评价等，需要耗费很多时间，会加重教师和学生的负担。其次，档案袋评价是一种质性课程评价方式，主张从多角度全面描述教育现象。与以数据为基准的量化评价不同的是，对档案袋的编制质量、档案袋所反映的信息等的评价标准比较难以确定，评价的信度和效度较易引起争议。

基于上述情况，教师在设计和实施档案袋评价时必须做好充分的准备和计划，制定一套整体的设计管理评分的流程，并且向学生详细讲解档案袋评价的目的和每一个执行步骤，让学生有一个心理适应的过程。同时，教师接受一定的培训以及加强与其他教师间的协作也是非常重要的。档案袋评价非常有助于改进评价质量，但是只有教师掌握了它的用法，它才能真正地发挥作用。

档案袋评价突破了传统的标准化考试的单一性和局限性，主张全面、动态地关注和评价学生总体的语言能力的发展过程和发展成果，鼓励师生之间和学生之间的互动交流，注重培养学生的独立学习能力、自我评定能力以及元认知能力。在当前我国大学英语教学进行改革的大环境下，实施档案袋评价，对提高学生的英语学习兴趣、活跃课堂气氛以及增强学生的英语实际应用能力具有一定的实践意义。

## 四、档案袋评价在大学英语教学中应用的优势

档案袋评价强调对学生学习过程的评价，其目的是帮助学生有效调

控自己的学习过程，使之获得成就感，增强自信心。在大学英语教学中采用档案袋评价，其优势体现在如下几个方面。

### （一）有利于提高学生的能力

学生在学习历程档案的建立过程中，通过深刻反思和自我评价，可逐渐提高反思能力、判断能力和控制能力等，并逐步形成自我评价、自我反省的能力。最主要的是，在档案袋的建立过程中，学生不是被动地完成学习任务，而是主动地参与到教学当中。在明确了档案袋的内容要求之后，学生的注意力就可转移到寻找提高自身各方面素质的目标上来，真正达到自主学习的理想境界，并养成主动学习这一终身受益的好习惯。

### （二）有利于学生全面展示学习效果

利用学习档案袋可以将学生的学习过程、努力程度以及最终取得的成绩一一记录下来，完全不同于传统的终结性评价只有目标评价没有过程评价的情况。这样，那些难以量化的诸如学生的兴趣、意志、动机、创造性等个性特征的评价得到重视，学生得以从只重视语言知识的记忆和背诵、忽视语言综合运用能力的提高的误区中走出来。

英语是一门重视过程的学科，过程的空缺必然影响能力的培养。学习档案袋是学生学习过程的最佳呈现方式，它以多种方式描述，真实全面地展示学生的成长过程和自身特点。

### （三）有利于积累教与学的经验

学习历程档案可以存储、反映学生每个阶段、每个学期甚至是几年的学习历程，包括作业、教师的批改、学习过程中遇到的问题、取得的成绩、自己的反思、对教学的建议等。通过这个积累过程，学生能更清楚地了解自己的学习历程，以及相关的学习与认知策略，达到提高元认知能力的效果。同时，教师可以根据学生学习历程档案所反馈的信息调整教学方法，从而提高教学效率。

### （四）有利于丰富教学评价体系

学习档案袋评价融合了“质性”评价和“量化”评价。学习档案袋评价对学习过程和学习结果进行价值评判，可以有效地把质的研究和量的分析结合起来。比如评价一个学生的学习情况，在质的方面有学生的自我反思、教案或课件等，在量的方面有教师的反馈、学术能力的记录，学生的实证性学习证据等。可见，学习档案袋打破了传统的测试方式，多方面评价学生的知识水平和教学技能。

## 五、大学英语教学档案袋评价案例

现以大学英语阅读教学为例，讨论档案袋评价在大学英语教学中的运用。

档案袋是学生学习过程的记录，既体现了学生所取得的成就和对学习过程的反思，也体现了教师和学生以及学生之间的合作和交流。阅读档案袋是学生在阅读学习过程中的学习材料的集合，其核心元素是学生的学习材料，包括阅读材料、阅读笔记、读后感、作业、测试、学习心得、小组评价和教师建议等。这些材料不仅能够体现学生的学业水平，更可以反映出学生为达到这一目标所经历的过程和所付出的努力。材料的收集是有选择的，是能体现学生进步的标志性事实，能监控和反映学生在阅读学习中知识、技能和态度的发展。

档案袋评价具有反思功能，收集不是目的，促进学生学习与发展才是档案袋应用的出发点和归宿。没有反思，档案袋潜在的教育价值也就无法发挥出来。反思将搜集资料的活动转变为有意义的学习经历，在反思的过程中，学习的任务从教师转到了学生身上。反思的内容可以使学生描述自己作品的特征，自己成长过程中所发生的进步或已经获得的目标等。这种反思一方面为学生的成长提供了重要契机，另一方面也培养了学生自我教育的习惯。

在本质上，档案袋评价属于基于课堂教学的形成性评价。它的特殊之处在于，它是以学生真正的学习样本为评价对象，为不同学生的学习样本提供了相互比较、相互借鉴的机会，同时能够反映随着时间发展的学习进步，为学生训练自我学习、自我评价和自我反思提供了有效的平台，使所有相关人员都能够清楚地了解学习过程，提高学生在学习过程中的参与度。

档案袋评价在提高学习效果的同时，还能有效培养学生的学习责任心。档案袋评价意味着学生要积极参与到评价的每个环节中，包括档案中应该包含怎样的样本，怎样评价样本的质量，反思知识和能力的掌握过程，怎样提高档案袋的质量等。

### （一）阅读档案袋的创建和维护

首先，要明确创建阅读档案袋的目的。创建阅读档案袋的基本目的是提高学生的阅读能力。在大学英语教学中，阅读能力主要包括四个方面：①掌握文章大意的能力；②抓住重要细节的能力；③领会作者目的、态度和意图的能力；④分析上下文逻辑关系的能力。因此，阅读档案袋中的样本，如阅读材料、阅读笔记和读后感等部分应着重体现以上若干方面。

其次，要明确评价主体。档案袋评价十分注意在评价过程中学生的参与，学生在这一过程中起着主导作用。因此，应明确学生在档案袋评价中的主体地位，教师和其他学生只是评价的参与者。

最后，在档案袋的维护中，教师应给予学生积极的指导。在课堂教学中，教师可以将优秀的阅读材料、阅读笔记和读后感和全班分享。通过优秀档案样本的介绍和分析，学生可以相互学习、借鉴彼此的学习材料、学习过程和学习经验，从而实现共同进步。

### （二）阅读档案袋评价的优势

大学英语阅读教学的核心目标是培养学生的英语阅读能力。对学生阅读能力的评价是阅读教学过程中的重要环节。通过对学生阅读能力的评价，学生可以检查自己是否掌握了某种阅读能力或阅读技巧，教师可以及时调整教学方法和教学内容，以提高阅读教学效果。对学生阅读能力的评价主要有三种方式：课堂提问、随堂或课后阅读测验、期中或期末考试。前两者在本质上属于基于课堂教学的形成性评价，能够动态地对学生的学习情况进行有益的反馈，但学生在评价中只是被动的被评价者，无法发挥主观能动性。后者属于终结性评价，具有易于操作且客观公正的特点，但无法反映学生在整个学习过程中的微观层面，如生理和心理认知活动过程的变化。

档案袋评价能充分发挥学生的主观能动性，学生的评价主体地位可以促进学生积极地自我反思和自我评价，能够鼓励学生采用多种学习方式，寻求最佳的发展途径。另外，档案袋评价还具有评价内容多元化的优势。阅读档案袋的评价范围广，远远超过传统的阅读测验的范围，对学生的学习方法、学习内容、学习过程、效能、情感、行为和态度等都可以进行评价。

## 第二节　过程性评价模式

大学英语教学过程性评价主要是对大学生英语知识与技能掌握情况的评价，以及对大学生在学习过程中的情感、态度、表现等的评价。有效的大学英语教学过程性评价可以激发大学生积极主动地参与到大学英语教学活动中来，不仅可以提高大学生的实践技能水平，还可以促进大学生的全面发展，并且能够有效地提高大学英语教学水平的提升。

首先，过程性评价可以让学生在学习的过程中，调整学习态度和学习方法，让学生感到有成就感，并增强学习的自信心，从而激发学生努力学习的心态，让学生从不知道怎么学习的状态中转变过来，使学生在端正学习态度和改进学习观念的同时，可以对自己有个正确的认识，进而提高学习效率。

其次，过程性教学评价可以帮助英语教师在获得真实的反馈信息的同时，不仅可以对自己的教学效果有所掌握，还可以对教学模式有所选择，通过改进教学方法来达到提高教学质量的目的。在英语教学过程性评价中，英语教师通过对学生的学习过程进行正确的评价，可以及时地了解学生的学习情况及时改进教学方法。

## 一、关于过程性评价的内涵与分类

### （一）过程性评价的定义

过程性评价也被称为形成性评价，它是指在实施教育方案的过程中，通过教学过程中的各种有效沟通手段，将教学评价贯穿课程教学的全过程，并分析教育过程中的“教”与“学”的各种状态和问题，从而达到提高教育质量目标的一种评价方式。过程性评价是在教育过程进行中的评价，其主要目的是帮助教师和学生提高“教”与“学”的质量，将“教”与“学”的注意力都集中在学科专业知识的学习上，而不是在学期末进行的针对学习客体的分数鉴定与等级评判上。

过程性评价的主要创始人是美国评价学家斯克里文，这种评价强调真实全面地评价学生，主张在学习中实现评价，在评价中促进学习，实现评价与学习的融合。

学习是一个动态的、多维度的过程。除学业测试外，教师还应对学生日常参与课堂教学任务的成效，以及在各项学习活动过程中所表现出来的情感、态度、动机、学习策略等做出及时评价，通过评价过程和学习过程的融合进一步促进教学与学生自主学习能力的发展。过程性评价不是对微观意义上的学习过程的评价，而是对课程实施意义上的学习动机、过程和效果的三位一体的评价。评价的性质和功能增加了新的含义，评价不仅是对学生学习效果与成绩的确认，还是诊断和改进学习的途径。

### （二）过程性评价的主要分类

（1）以评价主体为依据，过程性评价可以划分为教师点评、学生自评和学生互评三种评价方式。教师点评是指教师在教学过程中针对学生自我评价、相互评价过程中所表现出的学习态度、学习效果等进行的引导性评价。学生自评是指在课程的各个阶段结束时，学生对自己学习过程、学习方法和学习态度的自我评价。学生互评是指学生对他人的学习过程、学习方法和学习态度的评价。过程性评价对于学习结果的关注在于多元价值取向，而不只是关注最后的考试分数。

（2）以评价的规范程度为依据，过程性评价可以划分为随机性评价与程序性评价两种评价方式。随机性评价与专业教学过程相互融合，通常是在教学的过程中进行的，不做评价记录，表现为教师在课堂中对于学生的各种学习态度的课堂评价等。程序性评价是指在一个学习阶段结束时，教师对学生的学习过程、学习方式的评价，是学生学习效果的主要评判依据。程序性评价有相对集中的时间与合适的场地；随机性评价则没有相对固定的时间、地点与完整的评价程序，其结果只是作为总体评价的参考。

（3）以评价层次为依据，过程性评价可以划分为教师对小组的评价和小组对个人的评价两种评价方式。教师授课前，确定学生需要完成的学习任务并分组，然后依据各个小组提交的学习内容与方案、各小组课堂表现等方面进行综合评分，最后在学期结束时结合期末考核来进行综合评价。在评价的操作过程中，由教师评价小组成绩，学生个人成绩由小组成员共同评定。

（4）以具体的评价方式为依据来划分，过程性评价可以表现为课堂观察、学习笔记、演讲比赛、学期论文等。这些评价方式随机，方法多样，贯穿整个教学过程。比如学习笔记，它的质量直接决定了学生的学习态度和学习方法。又如学期论文，其锻炼了学生的综述能力，大大提高了学生的学习积极性、主动性和创新性。

## 二、过程性评价方式的优点

过程性评价是一种通过诊断教育方案和教育过程中存在的问题，利用反馈信息提高教育质量的评价方式。它的目的不是对学生进行分等或鉴定，而是帮助学生和教师把注意力集中在提高学生的学习效果上。它直接指向正在进行的教育活动，以改进这一活动为目的，是在过程中进行的评价。

过程性评价不仅有助于教师及时调整教学方法和教材内容，还有助于学生认清现有学习水平和学习目标之间的差距，从而及时调整自己的学习计划。过程性评价将评价的视野投向学生的整个学习过程和全部学习经验，认为凡是有价值的学习结果都应当得到肯定的评价。

教师不仅关注学生的学习成绩、学习结果，而且通过问卷法、问答法、观察记录法、作品分析法和测验法等，对学生的学习兴趣、学习方式、学习态度、学习动机、学习策略、学习心理甚至活动参与程度等做出判断，对他们的学习尝试做出肯定。学生不仅提高了学习积极性，其学习经验也不断增多，并且逐步养成正确的学习方式，真正提高了学习的质量与效果。

## 三、大学英语教学中过程性评价效度的主要影响因素

过程性评价主张在学习中实现评价，在评价中促进学习，实现评价与学习的融合。然而，在评价信息的处理过程中，评价者带有的主观偏见和逻辑错误会导致过程性评价的效度降低，对此，应对过程性评价效度影响因素进行修正。

### （一）影响过程性评价效度的主要因素

在收集了一定信息以后，评价者需要对这些信息进行效度检验，以利于调整收集信息的方法，保证评价结论的准确客观。

效度即评价的有效性和有效程度，是指一个测量工具能够正确测量所要测量事物的属性或特征的程度，或能够引起预报作用的程度。效度越高，评价结果越能反映被评价对象的真正特征。由于评价者不能够直接观察到被评价者学习的内部状态，如动机策略、情感态度、价值观等，因而需要通过其一系列外在表现和行为来进行推论和解释。如果评

价者的评价出现偏颇，则会影响到过程性评价的效度。影响过程性评价效度的主要因素有评价者的主观偏见和评价指标选择的逻辑错误。

1. 评价者的主观偏见

主观偏见是指由于个别学生的性别、年龄、家庭背景、教育背景、社会才能或其他特征，以及评价者对学生先入为主的印象，使得学生在过程性评价中受到不公平对待。主观偏见是影响过程性评价质量的重要因素。教师要明确过程性评价的目的并非是给学生分出高低，而是为了强调和关注内部的、开放的评价过程。过程性评价主张凡是具有教育价值的结果，都应当受到评价的支持与肯定。即使有个别学生表现确实不佳，评价者也应对学生采取尽可能客观的正面态度，尽量避免对学生产生厌恶、厌烦的主观看法。只有这样才有可能尽量减少评价者的主观偏见。另外，评价者知识的局限性、对学生先入为主的印象、评价者当时的情绪状态等都有可能影响到对学生的过程性评价的客观性和公正性，从而降低过程性评价结果的效度。

评价者必须清醒地认识到，每一个学生都是独特的个体，要基于其实际行为和表现，经过深入细致的了解，才能对其进行过程性评价。

2. 评价指标选择的逻辑错误

用一把直尺来测量室内温度，相信很多人都不会犯这个错误。在自然科学领域，由于被测量对象和测量指标明确的对应性，一个测量工具通常能够正确测量所要测量事物的属性或特征，因此在这个领域效度的问题比较容易解决。但是，当被评价的对象是人时，其中的复杂性不言而喻。学生具有千差万别的背景，再加上随着其头脑中知识体系的不断完善而带来的认知策略、管理策略、情态策略等的变化，导致评价者在选择评价指标的时候，有可能会犯错，从而影响到评价的效度。例如此种论断："这个学生开学初已经了解本学期的教学计划、教学任务和教学目标，做到课前预习，课后复习，不旷课、迟到、早退，因此该学生一定是热爱学习的好学生。"这当中有个逻辑问题。诚然，"课前预习，

课后复习”“不旷课、迟到、早退”等的确是热爱学习的表现之一，但并不能说明该学生就一定热爱学习。因为有可能该学生是迫于考试压力或严峻的就业形势而采取的一些积极的认知策略，也有可能只是想通过这些方式获得教师的青睐等，并不一定是发自内心地热爱学习。又如，对个别评价目标的界定不准确，如“自信、刻苦、勤奋”难以归入“态度、情感、价值观”这一范畴。因此，评价者在编制过程性评价量表时，评价目标的合理界定是一个需要认真研究的问题。类似的情况还有评价者单纯通过学生的举止、课堂问题的回答、参与课堂活动的积极性来衡量该学生的能力、学习动机、学习情绪等。

### （二）对过程性评价效度影响因素的修正

从根本上说，过程性评价如果不解决以上效度问题，就无法保证评价体系的客观性。评价者可以从以下几个方面对上述存在的问题进行修正。

#### 1. 健全过程性评价的制度规范，所有评价者形成统一认识

如果没有相关的过程性评价标准，评价过程就会陷入无序状态，更谈不上效度的提高。过程性评价实际上就是一个价值判断、发现和挖掘的过程，这种特征要求评价者必须对过程性评价有较为清楚的认识，这样才能够制定合理的评价体系。系部或教研室可以开展学习研讨，使所有评价者形成统一认识，缩小过程性评价结果的主观差距。

#### 2. 过程性评价方法坚持全面与重点相结合，标准化与差异化相结合

“全面与重点相结合”是指在一个评价体系中不仅要全面地反映被评价对象的特征，也要有重点地突出部分维度或指标。这就需要过程性评价体系的制定者要对被评价对象充分了解，并根据自身学科特色和院校特色建立内容全面、结构合理、重难点突出的评价体系。“标准化与差异化相结合”是指同一评价体系针对不同的被评价者应该采取不尽相同的评价标准。

#### 3. 合理设计过程性评价指标

评价者是不可能直接看出被评价者的学习动机、智力、自信心、反

思、成就感的，而是要通过被评价者的一些外显行为进行推断。在进行过程性评价时，要制定合理的评价量表。

作为过程性评价的重要方式之一，过程性评价量表具有提供评价依据与记录载体的重要功能。它使得过程性评价成为一种正式的、有约束力的评价过程，对规范师生的评价行为创造了有利条件。设计者要兼顾实际，均衡设计评价指标，如评价指标过多，会增加评价者的负担；而评价指标过少，又会影响评价的全面性与公正性。要准确界定评价目标，明确评价方向（如认知策略、管理策略、情感策略等），细化评价内容（如能否运用分析、猜测、推理、归纳、概括等认知技能，能否运用反思、监控等管理策略等）。选择评价指标时，要认真思考其中是否符合逻辑关系，兼顾被评价者对理论知识的掌握情况，强调对过程的关注，促进评价理念的落实。

4. 客观分析评价结果

要对过程性评价所取得各种阶段性成果进行科学的统计与分析，找出规律并将其作为评价反馈和质量监控的依据。过程性评价属于个体内差异评价，评价的目的并不是对被评价者的学习下一个终结性的结论，而是促进其学习与发展。评价的内容主要不是被评价者最后达到的水平，而是其进步情况。

要根据过程性评价的结果对被评价者的学习过程、学习态度、学习管理、学习情感等做出分析与判断，从而找出影响其学习质量的原因，通过评价，引导、督促被评价者完善自我，学有所得。

## 第三节 发展性评价模式

### 一、发展性教学评价的内涵

发展性教学评价是20世纪80年代发展起来的一种融合了过程性评价和多元性评价的新教育理念。不同于水平性教学评价和选拔性教学评价，它是一种重过程、重评价对象的，以促进评价对象发展为根本目的的教学评价。发展性教学评价是在以人为本的思想指导下，关注学生的发展、教师素质的提高和教学实践的改进的一种形成性教学评价，其目的在于促使每个个体最大限度地实现其自身价值。发展性教学评价将着眼点放在被评价者的未来，包括大众教育和终身学习的需要。

发展性教学评价是针对以分等奖惩为目的的终结性评价的弊端而提出来的，主张面向未来、面向评价对象的发展。发展性教学评价强调对评价对象人格的尊重，强调以人为本的思想。发展性教学评价是一种主体取向的评价，价值多元、尊重差异是其基本特征。

## 二、“生本”发展观是大学英语课程评价的核心理念

以生为本，促进学生全面发展是现代教学的主流精神。“生本”发展观是一种以学生为主体，通过调动学生的学习主动性来促进他们全面发展的教学思想。“生本”发展观着重评价英语教师在课堂教学中促进学生发展的过程，摒弃了单纯评价教师的技能施展。基于“生本”发展观的大学英语课堂教学评价应聚焦于课堂教学的四个方面——主体性、交互性、情感性和整合性。

### （一）主体性

大学英语教学“费时低效”的根源就是大学英语教学模式重“教”有余，重“学”不足，过分强调大而统的标准化和一体化，忽视了学生的个性差异，忽视了学生主观能动性的培养。大学英语教师应充分考虑学生的个人认知和情感因素，允许他们自行决定学习内容，全部和部分承担学习的前期准备、实际操作和效果评价等责任，使学生在自我和相互评价中形成一种语言输出的良好监控意识。

### （二）交互性

大学英语教学本身就是一种社会活动，其教学模式的探索必然涉及教师和学生，二者的关系互动是英语课堂教学的核心所在。师生互动决定了活动的质量与性质，师生交互学习模式决定了他们各自角色的重新定位，学生从被动倾听者变成计划者、调控者和评价者，教师从知识的传播者变成组织者、指导者和研究者。

### （三）情感性

英语学习既是一个认知过程，又是一个情感过程。当教师和学生围绕着教材开展教学活动时，教师、教材、学生之间不仅传递着认知信息，同时也进行着情感的交流。大学英语课程在高等教育领域被视为传递英语母语者的认知和实践成果、价值观念、审美情趣、道德规范等人类文化物质的中介。积极的情感、态度与价值观的营造与培养是大学英语课程发展目标的重要组成部分。在当前的英语教学改革中，对情感、态度与价值观的研究与评价已引起广大教师和从业人员的极大关注。情感不仅指学习热情和学习兴趣，还包括爱、快乐、审美情趣等丰富的内心体验。情感、态度、价值观三要素具有层次递进性，构成了一个由低级到高级的情感发展连续体。

### （四）整合性

发展性评价的理论依据是马克思关于人的全面发展学说。构建大学英语综合素质发展性评价内容时，不仅要重视学生语言能力的发展要求，更要强调学习材料中所体现的德育、美育等内涵。语言本身不难，但使用它却很难，它需要学生全身心地投入互动交流，是一种复杂多变的身心活动过程。大学英语课程发展性评价体系的构建是一项十分复杂的工程，是全方位、多视角地将其评价内容、方法及评价主体等进行立体化有机整合的过程。

## 三、发展性评价在大学英语教学中的应用

教学评价是大学英语课程教学的一个重要环节。全面、客观、科学、准确的评价体系对于实现课程目标至关重要。为了推进课程改革的全面实施，制定一套全面科学的课程发展评价体系刻不容缓。

### （一）评价应具有实用性

新课标强调，大学英语的教学目标是培养学生的英语综合应用能力，特别是听说能力，使他们在今后工作和社会交往中能用英语有效地进行信息交流。基于这一目标，大学英语课程发展性评价应着重考查和评价学生运用实用性语言技能进行交流的意识和能力。在交际适宜和得

体方面，着重考查学生面临各种交际场景时，是否具备跨文化交际意识，能否运用所学的知识和思维方式进行成功适宜的交际活动。英语教师应不断调整教学内容、教学方法，尽可能地突出学生的主体性、教学内容的实用性及教学方式的实践性，构建富有校本特色的英语综合应用能力的评价模式，从而切实可行地提升学生的语言交际素养。

### （二）评价方法避免单一性

在大学英语课程评价中，可推出一些新的评价方法。其中，活动法和档案袋评价法能从时间、空间两个维度全面把握多元智能在课程评价中所体现的“全人观”。活动法因受空间和偶然性的限制，难免有孤立和仓促之嫌。如能从时间维度对学生的活动做长期而持续的观察，辅之访谈、问卷、量表、日志等，无疑会使评价更加有效和具体。档案袋评价法能全程跟踪学生的学习和成长，也可记录某一特定学习过程，目的是通过提供多个评价维度，使每一个学生都能发现自己的闪光点和优势领域，获得成功的机会。

### （三）评价目标指向多元化

鉴于学生智能的多元化与个体的差异性，大学英语课程发展性评价目标应逐渐从单一走向多元。

#### 1. 注重语言表达和人际交往能力的评价

新课程标准对不同层次的学生的语言交际能力做出了明确具体的细化，这为各级各类大学根据自身的教学和生源条件进行教学自评和他评提供了依据和准绳。

#### 2. 注重逻辑推理与高级思维能力的评价

英语教师要在不断挖掘课文信息的过程中，通过评价学生的比较、分析、推理、概括、评判、创造等思维活动来发展学生的逻辑推理和高级思维能力。教师变讲解者为启发者、诱导者、合作者和评价者，使大学英语学习变成学生与学生、读者与作者、课堂与社会的交流过程。

#### 3. 注重自我监控与自我反省策略的评价

在新课标反复倡导的“自主化、个性化教学模式”的背景下，培养学生的自我评价和自我监控意识无疑至关重要，它是促进知识掌握最能动的因素。教师应尽力引导学生转变学习观念，摆正位置，主动承担学习责任，在自我评价、监控中适时合理地调控自己的学习进度。

# 参考文献

[1] 侯志荣. 信息化时代大学英语混合式教学研究 [M]. 长春：吉林人民出版社，2021.

[2] 康洁平. 信息化背景下高校英语混合式教学模式探索与应用 [M]. 北京：中国书籍出版社，2021.

[3] 任红艳. 文化认知与大学英语混合式教学实践研究 [M]. 北京：中国纺织出版社，2022.

[4] 张芳芳. 基于建构主义的大学英语混合式教学研究 [M]. 北京：九州出版社，2022.

[5] 张慧丽. 大学英语混合式教学评价体系研究 [M]. 哈尔滨：哈尔滨出版社，2021.

[6] 张娇媛. 高校英语混合式教学与信息技术应用 [M]. 天津：天津科学技术出版社，2019.

[7] 张青. 大学英语混合式教学研究 [M]. 长春：吉林出版集团股份有限公司，2022.

[8] 周影，陈典港. 互联网视角下大学英语混合式教学探究 [M]. 北京：中国书籍出版社，2023.

[9] 丁煜. 大学英语教学多维探究 [M]. 武汉：华中科技大学出版社，2021.

[10] 张鸽. 大学英语教学模式创新与发展研究 [M]. 北京：经济日报出版社，2022.

[11] 李晓玲. 大学英语教学方法研究 [M]. 西安：陕西科学技术出版社，2020.

［12］成畅．大学英语教学与课程建设新探索［M］．长春：吉林人民出版社，2021.

［13］陈细竹，苏远芸．大学英语教学模式的革新与发展研究［M］．长春：吉林人民出版社，2021.

［14］于明波．基于现代教育技术的大学英语教学改革路径探析［M］．北京：中国纺织出版社，2022.

［15］周保群．大学英语教学模式与课程建设研究［M］．重庆：重庆大学出版社，2020.

［16］曲晨晖，叶娜，孙莉莉．基于网络环境的大学英语教学理论与实践研究［M］．长春：吉林人民出版社，2022.

［17］魏微．大学英语教学基础理论与实践研究［M］．长春：吉林人民出版社，2020.

［18］何冰，汪涛．翻转课堂与英语教学［M］．长春：吉林人民出版社，2019.

［19］刘广宇，王运华．英语课程体系构建与教学改革研究［M］．长春：吉林人民出版社，2020.

［20］孙志永．当代大学英语教学新理念与教学实施探究［M］．赤峰：内蒙古科学技术出版社，2021.

［21］朱云翠．生态语言学理论与实践研究大学英语教学浅析［M］．长春：吉林人民出版社，2021.

［22］丽娜．大数据驱动下的大学英语教学革新与探索［M］．长春：吉林人民出版社，2021.

［23］黄英．翻转课堂模式下的大学英语教学理论与应用［M］．长春：吉林人民出版社，2021.

［24］魏琴．信息化背景下大学英语教学研究［M］．长春：吉林人民出版社，2020.

[25] 胡宇涵. 大学英语教学及其媒体融合视角探索 [M]. 长春：吉林人民出版社，2020.

[26] 范云. 大学英语教学模式创新与研究 [M]. 长春：吉林人民出版社，2022.

[27] 吴文静. 大学英语阅读与翻转课堂教学研究 [M]. 长春：吉林出版集团股份有限公司，2021.

[28] 朱飞. 大学英语教学中的翻转课堂 [M]. 长春：吉林大学出版社，2020.

[29] 陈亚轩. 基于微课的大学英语翻转课堂教学与自主学习研究 [M]. 北京：中国原子能出版社，2020.

[30] 钟丽霞，任泓璇. 翻转课堂模式下的大学英语教学改革及创新优化 [M]. 长春：吉林大学出版社，2019.

[31] 王静. 大学英语翻译教学与翻转课堂模式研究 [M]. 长春：吉林教育出版社，2021.

[32] 谷吉敏. 翻转课堂模式下的大学英语教学探索 [M]. 长春：吉林大学出版社，2021.

[33] 盛婧. 应用型大学翻转课堂与微课教学的理念和实践——以英语教学为例 [M]. 哈尔滨：哈尔滨工程大学出版社，2022.